Zentrum für Militärgeschichte und Sozialwissenschaften der Bundeswehr

Wie attraktiv ist die Bundeswehr als Arbeitgeber?

Ergebnisse der Personalbefragung 2020

Gregor Richter

Forschungsbericht 126

November 2020

Impressum

Herausgeber: Zentrum für Militärgeschichte und Sozialwissenschaften der Bundeswehr
Verantwortlich für den Inhalt ist der Autor
Anschrift: Zeppelinstraße 127/128, 14471 Potsdam
Tel.: 0331/9714-544
E-Mail: zmsbwmilitaersoziologie@bundeswehr.org
www.zmsbw.de

Projektnummer: 7131-02
ISBN 978-3-941571-41-9

Inhaltsverzeichnis

1 Vorbemerkung

Im Juni 2014 stellte das Bundesministerium der Verteidigung (BMVg) die Agenda „Bundeswehr in Führung – Aktiv. Attraktiv. Anders." (im Folgenden kurz „Agenda Attraktivität") der Öffentlichkeit vor. Mit der Agenda Attraktivität wurde das Ziel verfolgt, die Bundeswehr zu einem der attraktivsten Arbeitgeber in Deutschland zu machen. Die Agenda Attraktivität befindet sich zum Zeitpunkt der Erstellung dieses Berichts noch in der Umsetzungsphase und wurde gegenüber der ursprünglichen Konzeption ergänzt und weiterentwickelt.

Das BMVg beauftragte das Zentrum für Militärgeschichte und Sozialwissenschaften der Bundeswehr (ZMSBw) am 23. November 2015 mit der Durchführung einer repräsentativen Befragungsstudie zur begleitenden Evaluierung der Agenda. Aufgabensteller der Studie war ursprünglich das Sekretariat Steuerungsboard Attraktivität; aktuell ist das Referat Personal I 1 im BMVg federführend mit der Umsetzung und Weiterentwicklung der Agenda Attraktivität betraut.

Die folgenden Analysen basieren auf nunmehr *drei repräsentativen Befragungswellen*, die sich an Soldatinnen und Soldaten sowie zivile Mitarbeiterinnen und Mitarbeiter in der Bundeswehr richteten. Es liegen Querschnittsdaten zu folgenden Befragungszeitpunkten vor: Im Jahr 2013, also noch vor und somit unabhängig von der 2014 ins Leben gerufenen Attraktivitätsoffensive, hatte das ZMSBw einen Fokus auf die Attraktivität der Bundeswehr in der bis dahin vom ehemaligen SOWI[1] turnusmäßig als Mehrthemenbefragung durchgeführten Bundeswehrumfrage gelegt. Die wesentlichen Indikatoren zur Arbeitgeberattraktivität, zur Dienstzufriedenheit und zur Erfüllung berufsbezogener Bedürfnisse wurden in die Personalbefragungen 2016 und 2020 übernommen und bilden somit die Referenzpunkte für die Evaluation der Agenda Attraktivität. Die Befragungswellen 2016 und 2020 beinhalten zudem spezifische Fragen rund um die Attraktivitätsoffensive, z.B. zur Informationsarbeit und zu Einstellungen zu einzelnen Maßnahmenpaketen.[2]

Zum Zeitpunkt der Befragung 2016 befand sich die Agenda Attraktivität zwei Jahre in der Implementierungsphase, 2020 waren es bereits sechs Jahre. Da noch nicht alle Maßnahmen vollumfänglich umgesetzt wurden, sind die vorliegende Evaluation, wie schon

---

1 Das ZMSBw ist 2013 aus dem ehemaligen Militärgeschichtlichen Forschungsamt (MGFA) am Standort Potsdam und dem ehemaligen Sozialwissenschaftlichen Institut der Bundeswehr (SOWI) mit Sitz in Strausberg hervorgegangen.

2 Ich danke Frau Franziska Koch für die Unterstützung bei der Aufbereitung der drei Datensätze (Matching) und Herrn Dr. Heiko Biehl für hilfereiche Anmerkungen zum Manuskript.

die Vorgängerevaluation (siehe: Richter 2016), als *Zwischenevaluationen* zu begreifen. Dieser Bericht konzentriert sich auf die Ergebnisse der Befragungswelle 2020 und greift, soweit sinnvoll, etwa um längsschnittliche Entwicklungen aufzuzeigen, auf die Daten der Befragungen aus 2013 und 2016 zurück.[3]

Die Welt wird seit Anfang 2020 von der erstmals im Dezember 2019 in der chinesischen Metropole Wuhan ausgebrochenen Epidemie Covid-19 heimgesucht. Im März wurde die Viruskrankheit von der Weltgesundheitsorganisation (WHO) als Pandemie eingestuft und hat mittlerweile zu Tausenden von Toten weltweit geführt. Auch in Deutschland hat sich die Lage verschärft und der Gesetz- und Verordnungsgeber hat mit massiven Maßnahmen zur Eindämmung der Infektionskrankheit reagiert. Das öffentliche Leben ist massiv eingeschränkt; es ist von folgenschweren Entwicklungen in der Wirtschaft und auf dem Arbeitsmarkt auszugehen. Die Feldphase der dritten Befragungswelle zur Agenda Attraktivität (3. Februar bis 6. März 2020) wurde noch beendet, bevor die Corona-Krise in Deutschland spürbar angekommen war und als solche in der Öffentlichkeit wahrgenommen wurde. Somit sind die vorliegenden Befragungsdaten von der Krise nicht „infiziert", d.h. das Antwortverhalten ist vom aktuellen Geschehen weitgehend unbeeinflusst. Ein Längsschnittvergleich 2013–2016–2020 ist also methodisch unbedenklich.

Der Bericht wurde im Mai 2020 dem BMVg zu internen Auswertung übermittelt und wurde im Oktober 2020 zur Veröffentlichung freigegeben.

---

3 Vertiefende Analysen der 2016er-Befragungswelle, z.B. zur Motivation, zur Entscheidung, Berufssoldat bzw. -soldatin werden zu wollen, und eines zielgruppenspezifischen Personalmarketings, sind öffentlich zugänglich (Elbe 2019; Richter 2019a, 2019b). Die Ergebnisse der 2013er-Befragungswelle liegen dem Auftraggeber (BMVg FüSK III 3) vor, wurden am 22.10.2013 im BMVg präsentiert (Bulmahn/Höfig 2013) und wesentliche Ergebnisse der Mitarbeiterbefragung sind publiziert worden (Richter 2016; Höfig 2014).

2 Zielsetzung

Die Personalbefragungen 2016 und 2020 dienen in erster Linie der Wirkungsmessung, d.h. der Erfassung der Effekte, die durch die Agenda Attraktivität mit ihren kurz- bis mittelfristig wirksamen untergesetzlichen und gesetzlichen Maßnahmen bisher ausgelöst wurden. Die untergesetzlichen Maßnahmen teilen sich auf ursprünglich acht, heute neun[4] Maßnahmenpakete auf, die sich stichpunktartig wie folgt charakterisieren lassen:

1. Führungs- und Organisationskultur: Vermittlung zusätzlicher Methoden und Strategien in der Aus- und Fortbildung der Führungskräfte, um die Bedürfnisse der Mitarbeiterinnen und Mitarbeiter besser zu berücksichtigen und mit der Aufgabenerfüllung in Einklang zu bringen (Ausbildung „Gute Führung“, Coaching Spitzenpersonal).
2. Potenziale mobilisieren: Zusätzliche Bildungs- und Qualifikationsangebote (z.B. berufsbegleitender Bachelor, Sprachausbildung Mannschaften), zivilberufliche Anerkennung militärischer Ausbildung und Binnenarbeitsmarkt Bundeswehr, Online-Bewerbung/Online-Assessment.
3. Balance Familie und Dienst: Lücken in der Kinderbetreuung schließen (Schaffen von Kinderbetreuungsplätzen für Beschäftigte der Bundeswehr).
4. Arbeitsautonomie: Stärkung moderner, zeitlich und räumlich flexibler Arbeitsmodelle, die ausreichend Raum für das Privatleben in den unterschiedlichen Lebensphasen lassen (z.B. Langzeitkonten, ortsunabhängiges Arbeiten, Ausweitung Teilzeit, mobile IT-Ausstattung).
5. Karrierepfade: Reduzierung von Versetzungen, mehr Planbarkeit gewährleisten und intensivere und transparentere Kommunikation zwischen Personalverantwortlichen und Beschäftigten (z.B. weniger „Pflichttore“ und Versetzungsauslöser, Dienstpostenbündelung, längere Stehzeiten auf dem Dienstposten, feste Veränderungstermine, mehr Transparenz und Austausch über Karriereperspektiven, Dienstposteninformationsportal).
6. Gesunder Arbeitsplatz: Flächendeckende Ausfächerung des Betrieblichen Gesundheitsmanagements mit den Handlungsfeldern Bewegung, Ernährung, Stressbewältigung und Suchtprävention.

[4] Das neunte Paket „Betreuung und Fürsorge“ ist nach 2016 zusätzlich in das Maßnahmenprogramm aufgenommen worden.

7. Moderne Unterkünfte und Büros: Erweiterte Ausstattung (u.a. Spiegel, Kühlschränke, TV) von Unterkünften, neue Möbelserie, kostenfreies WLAN in dienstlichen Unterkünften.
8. Verankerung der Bundeswehr in der Gesellschaft: Die Bundeswehr ist bereits ein fester und anerkannter Teil der deutschen Gesellschaft. Dieses Verhältnis gilt es durch stetigen Austausch und Signale der Öffnung weiter zu vertiefen (u.a. Tag der Bundeswehr, regionale Ausstellungen, Verleihung des Preises „Bundeswehr und Gesellschaft“).
9. Betreuung und Fürsorge: Einrichtung von Betreuungsbüros mit eigenem (hauptamtlichem) Personal an allen Standorten, Einrichten eines Betreuungs- und Mobilitätsportals im Internet/Intranet, kostenfreie Kommunikation im Einsatz.

Zwei Gesetzespakete, das „Gesetz zur Steigerung der Attraktivität des Dienstes in der Bundeswehr“ (BwAttraktStG) von 2015 und das „Gesetz zur nachhaltigen Stärkung der personellen Einsatzbereitschaft der Bundeswehr“ (BwEinsatzBerStG) von 2019 sind Bestandteil der Agenda Attraktivität im weiteren Sinne. Die Wirkungen des BwAttraktStG wurden nur 2016 evaluiert (vgl. Richter 2016: 21 f.), d.h. es wurde im Fragebogen 2020 nicht mehr thematisiert. Hingegen fand das BwEinsatzBerStG, ebenfalls ein Artikelgesetz, das zahlreiche personalpolitische Felder adressiert, erstmalig 2020 Berücksichtigung.

Auftrag an das ZMSBw ist eine begleitende Evaluierung der Agenda Attraktivität. „Evaluationen können dazu genutzt werden, (1) die Planung eines Programms oder einer Maßnahme zu verbessern (ex-ante Evaluation) [...], (2) die Durchführungsphase zu beobachten (on-going Evaluation) oder (3) die Wirksamkeit und Nachhaltigkeit von Interventionen ex-post zu bestimmen (ex-post Evaluation) [...].“ (Stockmann/Meyer 2014: 83). Die vorliegende Evaluierung der Agenda ist als eine *„ongoing Evaluation“* zu betrachten; ein abschließendes Bild über die Wirkungen der Agenda Attraktivität ist erst nach vollumfänglicher Umsetzung aller Maßnahmen und gesetzlichen Regelungen möglich. Üblicherweise dienen ongoing Evaluationen einer Bestandsaufnahme im laufenden Veränderungsprozess und sind ggf. Grundlage für Nachsteuerungen durch die Programm- und Maßnahmenverantwortlichen.

Durch die Anlage der Studie als bundeswehrinterne Befragung wird explizit eine *Personalbindungsperspektive* eingenommen. Aussagen, ob und wie die Agenda bei externen Zielgruppen wahrgenommen wird und wie sie auf potenzielle Bewerberinnen und Bewerber wirkt (Personalgewinnungsperspektive), können mit einer Mitarbeiterbefragung nicht getroffen werden.[5] Zudem ist es nicht Ziel der Personalbefragungen des ZMSBw, einen Beitrag zur Fortschrittsmessung im Sinne der Überwachung und Evaluation der Umsetzung der laufenden Maßnahmen der Agenda (gemeint sind beispielsweise der Stand der Modernisierung der Unterkünfte oder der Umfang und die Qualität von bisher durchgeführten Coaching-Maßnahmen für Führungskräfte) zu leisten.

Mit Blick auf das „Konzept zur begleitenden Evaluierung der Agenda Attraktivität" (Sekretariat Steuerungsboard Attraktivität 2015) leisten die Personalbefragungen vielmehr einen Beitrag zur Evaluation auf den dort definierten Ebenen 1 und 2: Im Rahmen der Studie soll im Wesentlichen untersucht werden, inwieweit die Bundeswehrangehörigen die Bundeswehr als attraktiven Arbeitgeber wahrnehmen (Strategisches Ziel der Leitung 4.1) und inwieweit die gesetzlichen und untergesetzlichen Maßnahmen der Agenda auf der Abstraktionsebene der Themenfelder einen Beitrag zur Steigerung der Attraktivität leisten (Strategisches Ziel der Leitung 4.2).

---

5 Hierzu sei auf die bisher letzte ZMSBw-Jugendstudie (Hentschel 2013) verwiesen.

3 Methodisches Design der Studie

Mit der Entscheidung für eine *postalische Befragung* 2016 und 2020 wurde sichergestellt, dass allen Bundeswehrangehörigen die Teilnahme an der Studie grundsätzlich mit gleicher Wahrscheinlichkeit möglich ist. Erfahrungsgemäß ist bei Befragtengruppen, die über eine geringere Abdeckung mit personenbezogenen LoNo-Adressen verfügen und/oder eingeschränkt Zugang auf einen Arbeitsplatzcomputer (APC) haben (z.B. Mannschaftsdienstgrade, bestimmte Gruppen von Arbeitnehmern, Angehörige seegehender Einheiten usw.), mit einer postalischen Befragung eine bessere Erreichbarkeit und somit ein höherer Rücklauf im Vergleich zum Online-Verfahren erzielbar. Dies lässt sich anhand der Rücklaufquoten ablesen (vgl. Tab. 3.1). Messmethodische Effekte, die die Vergleichbarkeit der Befragungswellen 2013 mit 2016 bzw. 2020 verringern könnten, sind bei der Umstellung von einer Intranet-Befragung auf postalische Befragungen (beides Befragungsmethoden ohne Interviewer-Effekte) von untergeordneter Bedeutung.

Unter Berücksichtigung von besonderen Abwesenheitsgründen (z.B. Personen in der Freistellungsphase der Altersteilzeit und in Elternzeit) wurde für die Personalbefragungen 2016 und 2020 eine *Auswahlgesamtheit* definiert, die kleiner als die jeweilige Grundgesamtheit ist. Aus der Auswahlgesamtheit wurde eine Stichprobe in Höhe von ca. 10.000 dienstlichen Anschriften gezogen. Die Stichprobe ist ex ante gewichtet, d.h. sie enthielt z.B. relativ mehr Mannschaftsdienstgrade und Arbeitnehmer der Entgeltgruppen 1 bis 4, die erfahrungsgemäß seltener an schriftlichen Befragungen teilnehmen, als Stabsoffiziere und Beamte des höheren Dienstes. Zudem wurde festgelegt, Angehörige von Auslandsdienststellen nicht zu befragen. Grund hierfür war, dass die 2016 gewählte, kostengünstige Versandart (sog. Dialogpost[6]) nur im Inland zulässig ist und wegen des engen Zeitfensters für den Rücklauf eine zu geringe Ausschöpfung bei dieser Gruppe selbst bei einer alternativen Postversandart zu erwarten gewesen wäre. Eine personenbezogene Adressierung von Post an Auslandsdienststellen ist zudem unter datenschutzrechtlichen Aspekten und aus Sicherheitsgründen kritisch zu bewerten. Das Verfahren, Bundeswehrangehörige in Auslandsdienststellen nicht zu befragen, wurde 2020 beibehalten, um Vergleichbarkeit zu gewährleisten.

---

6 Die Versandart „Dialogpost“ wird seit dem 1. Januar 2020 von der Deutschen Post nicht mehr angeboten.

Tab. 3.1: Die drei Befragungswellen im Vergleich

	Befragungswelle		
	2013	2016	2020
Befragungsart	standardisierte Mehrthemenbefragung, online (über IntranetBw)	standardisierte Mehrthemenbefragung, postalisch	standardisierte Einthemenbefragung, postalisch
Befragungszeitraum	30.01.–03.03.2013	13.06.-19.07.2016	03.02.–06.03.2020
Adressbereitstellung	BWI IT	BAPersBw	BAPersBw
Grundgesamtheit	285.985	251.079	258.250
Auswahlgesamtheit	nicht definiert	222.252	246.445
Anzahl gelieferter dienstlicher Adressen bzw. personenbezogener LoNo-Accounts	41.567	10.000	10.003
Anzahl fehlerhafter Adressen und Adressen von Auslandsdienststellen	nicht mehr ermittelbar	232	149
Anzahl versendeter Fragebögen (= Bruttostichprobe)	41.567	9.768	9.854
Rücklauf verwertbarer Fragebögen (= Nettostichprobe)	10.958	3.197	3.579
Rücklaufquote	26 %	33 %	36 %
Themenbereiche, die für die Fragestellung dieses Berichts relevant sind	1 Frage zur Bewertung der Bundeswehr als Arbeitgeber (mit insgesamt 32 Einzelaspekten) 1 Frage zur Attraktivität der Bundeswehr als Arbeitgeber (mit 6 Items) 1 Frage zur Dienstzufriedenheit div. Fragen zur Sozialdemografie	1 Frage zur Bewertung der Bundeswehr als Arbeitgeber (mit insgesamt 32 Einzelaspekten) 1 Frage zur Attraktivität der Bundeswehr als Arbeitgeber (mit 6 Items) 1 Frage zur Dienstzufriedenheit 1 Frage zur Vorgesetztenzufriedenheit 8 Fragen zu Einstellungen zur Agenda Attraktivität und Bewertungen ihrer Geeignetheit zur Attraktivitätssteigerung 2 Fragen zum BwAttraktStG div. Fragen zur Sozialdemografie 1 Frage zur Qualitätssicherung	1 Frage zur Bewertung der Bundeswehr als Arbeitgeber (mit insgesamt 32 Einzelaspekten) 1 Frage zur Attraktivität der Bundeswehr als Arbeitgeber (mit 6 Items) 1 Frage zur Dienstzufriedenheit 1 Frage zur Vorgesetztenzufriedenheit 8 Fragen zu Einstellungen zur Agenda Attraktivität und Bewertungen ihrer Geeignetheit zur Attraktivitätssteigerung 2 Fragen zum BwEinsatzBerStG div. Fragen zur Sozialdemografie 1 Frage zur Qualitätssicherung
Gewichtung der Stichprobe	ex post	ex ante	ex ante

Die *Stichprobenumfänge* wurden jeweils so gewählt, dass belastbare Aussagen auf der Ebene der Organisationsbereiche, der Dienstgrad- bzw. Laufbahngruppen, der Altersgruppen und nach Geschlecht möglich sind. Um den Stichprobenumfang dennoch in einem vertretbaren Ausmaß zu halten, wurden 2016 und 2020 jeweils eine strukturungleiche Stichprobe basierend auf Erfahrungen zum Rücklauf der Befragung zum Veränderungsmanagement in der Neuausrichtung der Bundeswehr (VMNABw-Studie, siehe: Richter 2014) gezogen (sog. ex ante Gewichtung).

In Anhang 7.1 werden die drei Befragungen entlang zentraler sozialdemografischer Variablen verglichen. Der Rücklauf ist weitgehend strukturgleich mit der Auswahlgesamtheit der jeweiligen Befragungswelle; die Datensätze sind ebenso für eine Vergleichbarkeit im Längsschnitt geeignet. Die *Repräsentativität* der Daten ist insgesamt als hoch zu bewerten. Zu dem erfreulichen Rücklauf von mehr als einem Drittel dürfte die Bewerbung der Studie durch die Redaktion der Bundeswehr im IntranetBw zu Beginn und in der Mitte der Feldphase beigetragen haben. Die Antworten auf die „Fragen zum Fragebogen", d.h. zur Wichtigkeit der Themen, zum Schwierigkeitsgrad, zur Dauer und zur Verständlichkeit der Befragung, sowie die erkennbar hohe Bereitschaft, wieder an einer solchen Umfrage teilzunehmen, sprechen unter der Perspektive der Qualitätssicherung für die Personalbefragungen 2016 und 2020 (vgl. Tab. 7.2.1).

Die folgenden Auswertungen und Analysen zeichnen ein *Wissens-, Einstellungs- und Meinungsbild* über die Agenda und das Thema Arbeitgeberattraktivität für die Bundeswehrangehörigen in ihrer Gesamtheit. Differenziert wird, wo sinnvoll, nach Geschlecht und Status, d.h. nach militärischen und zivilen Bundeswehrangehörigen. Grundsätzlich gilt, dass die Agenda alle Dienstgrad- und Laufbahngruppen adressiert und alle Organisationsbereiche involviert sind. Einzelne Maßnahmen richten sich jedoch vor allem an spezifische Personalgruppen. Infolge des engen Zeitrahmens von der Datenbereitstellung bis zur Berichtabgabe und mit dem Ziel, keine unübersichtlichen Datensammlungen zu produzieren, die die zentralen Botschaften von organisationsinternen Surveys oftmals verdecken, wird in diesem Bericht auf dienstgrad- und laufbahngruppenspezifische sowie organisationsbereichsspezifische Detailanalysen verzichtet. Bei Bedarf sind solche Sonderauswertungen – wie dies für bestimmte Organisationsbereiche in ähnlicher Weise im Rahmen der VMNABw-Studie und für die Personalbefragung 2016 geleistet wurde – möglich.

Mit dem Ziel, einen Vergleich der Arbeitgeberattraktivität auf Aggregatebene zu ermöglichen, wurden die Fragen zur Bewertung der Bundeswehr als Arbeitgeber, zur Attraktivität und zur Dienstzufriedenheit repliziert. Auf diese Weise ist ein Forschungsdesign im Sinne einer *Vorher-Nachher-Messung* mit identischen Frageformulierungen gewährleistet, d.h. *vor* der Agenda Attraktivität (2013) und *nach* Umsetzung von Teilen des Programms (2016 und 2020).

Bei der vorliegenden Evaluierung ist, wie bei den meisten Evaluationen, die auf einem Vorher-Nachher-Design gründen, zu trennen zwischen *Brutto- und Nettowirkungen*, d.h. Veränderungen z.B. der Arbeitgeberattraktivität zwischen 2016 und 2020 im Allgemeinen und dem Anteil der Veränderung, der auf die interessierende Wirkgröße – das ist im vorliegenden Fall die Agenda Attraktivität – zurückgeführt werden kann. Die für die Arbeitgeberattraktivität der Bundeswehr relevante demografische, soziale, wirtschaftliche und verteidigungspolitische Umwelt kann zwischen den zwei Messzeitpunkten nicht als unverändert angenommen werden. Effekte der Agenda Attraktivität überlagern sich mit den veränderten Umwelteinflüssen. In Anlehnung an Stockmann/Meyer (2014: 79) lässt sich folgende Wirkungsformel für Evaluationen aufstellen:

Gesamtwirkungen (Bruttowirkungen) =	Interventionsanteil (Nettowirkungen) + Anteile anderer Faktoren + Designeffekte

Die letzte Größe der Gleichung, d.h. die Designeffekte, kann im vorliegenden Fall als vernachlässigbar eingeschätzt werden. Die Messung der Bruttowirkungen erfolgt über die Attraktivitätsindikatoren 2013, 2016 und 2020 (Abschnitt 4.6) und adressiert das Strategische Ziel der Leitung 4.1, d.h. es gilt zu ermitteln, inwieweit die Bundeswehrangehörigen die Bundeswehr als attraktiven Arbeitgeber wahrnehmen. Ob und inwieweit die gesetzlichen und untergesetzlichen Maßnahmen der Agenda Attraktivität auf der Abstraktionsebene der Themenfelder einen Beitrag zur Steigerung der Attraktivität leisten – hiermit ist das Strategische Ziel der Leitung 4.2 gemeint – ist letztlich die Antwort auf die Frage nach den Nettowirkungen (Abschnitt 4.7).

Dabei ist voranzustellen: Interventionsanteile und Anteile anderer, meist unbekannter Faktoren mit größtmöglicher Zuverlässigkeit festzustellen und vor allem mit größtmöglicher Zuverlässigkeit voneinander zu trennen, „stellt eine der größten Herausforderungen einer Evaluation dar“ (Stockmann/Meyer 2014: 79). Die Bruttowirkungen werden über einen für diese Studie eigens entwickelten Attraktivitätsindex bestimmt. Mit der Gegenüberstellung von Befragtengruppen, die Wirkungen der Agenda Attraktivität bei sich oder in ihrem persönlichen und Arbeitsumfeld wahrnehmen, und denjenigen, die bisher keine Effekte wahrnehmen, kann das Ausmaß des Interventionsanteils abgeschätzt werden.

4 Ergebnisse und Analysen

4.1 Informationen über die Agenda Attraktivität

Die Agenda Attraktivität ist ein umfangreiches Veränderungsprogramm mit einer Vielzahl von Einzelmaßnahmen, welches in den letzten sechs Jahren in unterschiedlichen elektronischen Foren und Printmedien der Bundeswehr, aber auch in persönlichen Gesprächen kommuniziert und diskutiert wurde. Tab. 4.1.1 zeigt, was die Bundeswehrangehörigen über die Agenda heute und vor vier Jahren wissen. Befragte, die vor der Befragung noch nie etwas über die Agenda gehört oder gelesen haben und sich auch nichts darunter vorstellen können, wurden entsprechend im Fragebogen gefiltert und sollten die inhaltlichen Fragen nicht beantworten. Falls Befragte dies dennoch taten – was bei schriftlichen Befragungen nicht auszuschließen ist –, wurden sie im Nachhinein aus dem Datensatz herausgefiltert. Somit standen 2020 insgesamt 2.463 Fälle zur Verfügung, die in die Auswertung des Meinungs- und Einstellungsbildes zur Agenda in den Abschnitten 4.1 bis 4.3 einfließen konnten. Im Befragungsjahr 2016 waren es insgesamt 2.260 Fälle. Der Grad des Wissens über die Agenda Attraktivität ist leicht, aber statistisch signifikant zurückgegangen. Gaben 2016 28 Prozent an, vorher noch nie von der Agenda gehört bzw. gelesen zu haben und sich auch nichts darunter vorstellen zu können, so waren es 2020 31 Prozent der Befragten.

Tab. 4.1.1: Wissen über die Agenda Attraktivität im Zeitvergleich

Haben Sie vor dieser Befragung schon einmal von der Agenda „Bundeswehr in Führung – Aktiv. Attraktiv. Anders." (Agenda Attraktivität) gehört bzw. gelesen und was wissen Sie darüber?	**Erhebungsjahr*** 2016**	**2020**
1. Ich habe mich intensiv damit beschäftigt und kenne alle wesentlichen Fakten und Zusammenhänge.	6	5
2. Ich habe davon gehört bzw. gelesen und kenne einige Fakten und Zusammenhänge.	32	28
3. Ich habe davon gehört bzw. gelesen, weiß aber nichts Konkretes.	33	36
4. Ich habe vorher noch nie davon gehört bzw. gelesen und kann mir auch nichts darunter vorstellen.	28	31

Anmerkungen: Angaben in Prozent. Einzelne Prozentangaben ergeben mitunter in der Summe nicht 100 Prozent, da sie gerundet wurden. ***p<0.001; **p<0.01; *p<0.05. Pearson-Chi²-Test. Datenbasis: ZMSBw: Personalbefragung 2016 und 2020.

Der Wissensstand über die Agenda ist in der Bundeswehr ungleich verteilt (Tab. 4.1.2). Männer geben im Durchschnitt einen höheren Wissensstand an als Frauen, das militärische Personal hat sich bisher intensiver mit der Attraktivitätsagenda beschäftigt als das zivile Personal.

Tab. 4.1.2: Wissen über die Agenda Attraktivität

Haben Sie vor dieser Befragung schon einmal von der Agenda „Bundeswehr in Führung – Aktiv. Attraktiv. Anders." (Agenda Attraktivität) gehört bzw. gelesen und was wissen Sie darüber?	gesamt	Geschlecht***		Status***	
		weiblich	männlich	mil.	ziv.
1. Ich habe mich intensiv damit beschäftigt und kenne alle wesentlichen Fakten und Zusammenhänge.	5	3	5	5	4
2. Ich habe davon gehört bzw. gelesen und kenne einige Fakten und Zusammenhänge.	28	25	29	30	24
3. Ich habe davon gehört bzw. gelesen, weiß aber nichts Konkretes.	36	36	36	38	32
4. Ich habe vorher noch nie davon gehört bzw. gelesen und kann mir auch nichts darunter vorstellen.	31	36	29	26	40

Anmerkungen: Angaben in Prozent. Einzelne Prozentangaben ergeben mitunter in der Summe nicht 100 Prozent, da sie gerundet wurden. ***$p<0.001$; **$p<0.01$; *$p<0.05$. Pearson-Chi²-Test. Datenbasis: ZMSBw: Personalbefragung 2020.

Innerhalb der Statusgruppen gibt es wiederum Unterschiede (Tab. 4.1.3): Berufssoldatinnen und -soldaten (BS) und Beamtinnen und Beamte verfügen über einen höheren Wissensstand als Soldatinnen und Soldaten auf Zeit (SaZ), Freiwilligen Wehrdienst Leistende (FWDL) und Arbeitnehmerinnen und Arbeitnehmer.

Tab. 4.1.3: Wissen über die Agenda Attraktivität nach Dienstverhältnis

Haben Sie vor dieser Befragung schon einmal von der Agenda „Bundeswehr in Führung – Aktiv. Attraktiv. Anders." (Agenda Attraktivität) gehört bzw. gelesen und was wissen Sie darüber?	Soldatinnen und Soldaten***		
	BS	SaZ	FWDL
1. Ich habe mich intensiv damit beschäftigt und kenne alle wesentlichen Fakten und Zusammenhänge.	11	3	0
2. Ich habe davon gehört bzw. gelesen und kenne einige Fakten und Zusammenhänge.	47	21	0
3. Ich habe davon gehört bzw. gelesen, weiß aber nichts Konkretes.	31	42	11
4. Ich habe vorher noch nie davon gehört bzw. gelesen und kann mir auch nichts darunter vorstellen.	11	34	89

Anmerkungen: Angaben in Prozent. Einzelne Prozentangaben ergeben mitunter in der Summe nicht 100 Prozent, da sie gerundet wurden. ***$p<0.001$; **$p<0.01$; *$p<0.05$. Pearson-Chi²-Test. Datenbasis: ZMSBw: Personalbefragung 2020.

Betrachtet man alleine das militärische Personal, so zeigt sich ein Gefälle des Wissensstandes entlang der Hierarchie: Der jeweilige Anteil der Befragten, die vorher noch nie von der Agenda gehört bzw. gelesen haben und sich auch nichts darunter vorstellen können (Kategorie 4), liegt bei Stabsoffizieren bei 7 Prozent, bei Hauptleuten bei 10 Prozent, bei Leutnanten bei 15 Prozent, bei Unteroffizieren m.P. bei 21 Prozent, bei Unteroffizieren o.P. bei 33 Prozent und bei Mannschaften bei 42 Prozent. In Kategorie 4 sind 11 Prozent der Beamten im höheren Dienst, 15 Prozent im gehobenen Dienst und 29 Prozent im mittleren Dienst vertreten.[7] In der Gruppe der Arbeitnehmer ist hingegen kein klarer Trend entlang der Hierarchie auszumachen, jedoch liegt der Wert von Kategorie 4 in allen Gruppen deutlich über 40 Prozent (Entgeltgruppe 13–15: 50 Prozent; Entgeltgruppe 9–12: 42 Prozent; Entgeltgruppe 5–8: 48 Prozent; Entgeltgruppe 1–4: 47 Prozent).

Die Befragten der Kategorie 1 bis 3 wurden im Weiteren nach dem subjektiven Grad der Informiertheit gefragt. 24 Prozent, die sich gut bzw. sehr gut informiert fühlen, stehen 34 Prozent gegenüber, die sich schlecht bzw. sehr schlecht informiert fühlen (Tab. 4.1.4). Unterschiede im Grad der Informiertheit können nach Geschlecht und nach Status nicht diagnostiziert werden.

Tab. 4.1.4 Informiertheit über die Agenda Attraktivität

Wie gut fühlen Sie sich, alles in allem, bisher über die Agenda Attraktivität informiert?	Gesamt	Geschlecht (n.s.)		Status (n.s.)	
		weiblich	männlich	mil.	ziv.
sehr gut	3	3	2	3	3
gut	21	20	21	20	23
teils/teils	43	42	44	44	42
schlecht	30	33	29	30	29
sehr schlecht	4	2	4	4	3

Anmerkungen: Angaben in Prozent. Einzelne Prozentangaben ergeben mitunter in der Summe nicht 100 Prozent, da sie gerundet wurden. ***p<0.001; **p<0.01; *p<0.05. n.s. = nicht signifikant. T-Test. Datenbasis: ZMSBw: Personalbefragung 2020.

Betrachtet man den Grad der Informiertheit im Zeitvergleich, so ist eine geringfügige, aber statistisch signifikante Abnahme zu erkennen (Tab. 4.1.5). Dies korrespondiert mit den Ergebnissen aus Tab. 4.1.1., wonach der Wissenstand über die Agenda ebenfalls leicht rückläufig ist.

---

7 Die Fallzahl im einfachen Dienst ist zu klein für eine repräsentative Aussage.

Tab. 4.1.5: Informiertheit über die Agenda Attraktivität im Zeitvergleich

Wie gut fühlen Sie sich, alles in allem, bisher über die Agenda Attraktivität informiert?	Erhebungsjahr**	
	2016	2020
sehr gut	3	3
gut	23	21
teils/teils	44	43
schlecht	26	30
sehr schlecht	4	4

Anmerkungen: Angaben in Prozent. Einzelne Prozentangaben ergeben mitunter in der Summe nicht 100 Prozent, da sie gerundet wurden. ***p<0.001; **p<0.01; *p<0.05. T-Test. Datenbasis: ZMSBw: Personalbefragung 2016 und 2020.

Neu in der Befragung 2020 war eine Frage zu den Informationsquellen über die Agenda Attraktivität (Tab. 4.1.6.). Die Befragten konnten angeben, ob sie eine bestimmte Quelle genutzt haben oder nicht. Zudem war eine Bewertung der Quelle möglich.[8] Am besten schneidet das Intranet der Bundeswehr ab, das auch von der überwiegenden Mehrheit genutzt wird. Vergleichsweise kritisch werden die Vorgesetzten als Informationsquelle eingeschätzt: 62 Prozent der Befragten bewerten sie mit „eher schlecht" oder „schlecht".

Tab. 4.1.6: Informationsquellen zur Agenda Attraktivität

Wie bewerten Sie die Informationen über die Agenda Attraktivität in folgenden Informationsquellen?	Gut	eher gut	teils/teils	eher schlecht	schlecht	Diese Quelle habe ich noch nicht genutzt
Informationen durch Vorgesetzte	2	10	27	32	30	11
Gespräche mit Kameradinnen/Kameraden und Kolleginnen/Kollegen	3	19	44	20	13	10
Printmedien der Bundeswehr, z.B. Broschüre „Agenda Attraktivität"	4	26	41	19	11	21
Intranet der Bundeswehr	10	39	36	11	5	12
Internetauftritte der Bundeswehr	6	28	40	17	8	21

Anmerkungen: Angaben in Prozent. Einzelne Prozentangaben ergeben mitunter in der Summe nicht 100 Prozent, da sie gerundet wurden. Datenbasis: ZMSBw: Personalbefragung 2020.

Im Laufe des Jahres 2019 fanden Informationsveranstaltungen im Rahmen des „Agenda Dialogs" statt. Sie wurden in der Befragung 2020 ebenfalls thematisiert. Von den 2.463 Befragten, die von der Agenda mindestens schon einmal etwas gehört haben, antworteten 38, an einer solchen Veranstaltung teilgenommen zu haben, was gerundet 1 Prozent entspricht. Von diesen wiederum bewerteten die Informationsveranstaltung 9 als „gut", 14 als „eher gut", 9 mit „teils/teils", 3 als „eher schlecht" und 3 als „schlecht".

---

8 Zur leichteren Vergleichbarkeit sind die fünf Bewertungskategorien auf 100 Prozent relationiert.

4.2 Einstellungen zur Agenda Attraktivität

Die Bundeswehrangehörigen lassen mehrheitlich keinen Zweifel aufkommen, dass aus ihrer Sicht die Agenda Attraktivität absolut notwendig ist (Tab. 4.2.1). Eine relative Mehrheit interessiert sich für die Thematik, und fast die Hälfte hält die Agenda auch für geeignet, die Bundeswehr attraktiver zu machen. Etwas weniger positiv fällt das Ergebnis aus, wenn man nach dem Verlauf des Veränderungsprogramms fragt: Es gibt mehr Bundeswehrangehörige, die den Verlauf der Agenda kritisch bewerten (23 Prozent), als solche, die sich positiv über den Verlauf äußern (16 Prozent), wobei das Gros unentschieden ist (61 Prozent). Ebenso überwiegen diejenigen zahlenmäßig, die sich von der Agenda nicht betroffen fühlen, gegenüber denjenigen, die sich von ihr betroffen fühlen. Positive Wirkungen auf die Motivation bei der täglichen Arbeit durch die Agenda Attraktivität sind eher selten. Der Vergleich im Längsschnitt ergibt so gut wie keine nennenswerten Unterschiede im Antwortverhalten entlang der sechs abgefragten Aspekte.

Tab. 4.2.1: Bewertung der Agenda Attraktivität

	Bitte beurteilen Sie die Attraktivitätsagenda im Hinblick auf folgende Aspekte. Sehen Sie sich hierzu die gegensätzlichen Aussagen an. Mit den Kästchen dazwischen können Sie Ihre Antwort abstufen. Die Agenda Attraktivität ...					
	1	**2**	**3**	**4**	**5**	
ist absolut notwendig.	32 (33)	39 (39)	23 (21)	5 (6)	1 (1)	ist absolut überflüssig.
verläuft völlig erfolglos.	4 (5)	19 (21)	61 (58)	15 (15)	1 (1)	verläuft überaus erfolgreich.
ist geeignet, die Bundeswehr attraktiver zu machen.	11 (11)	38 (38)	35 (34)	12 (13)	3 (4)	ist ungeeignet, die Bundeswehr attraktiver zu machen.
motiviert mich.	4 (3)	17 (18)	39 (36)	24 (24)	16 (19)	motiviert mich nicht.
betrifft mich überhaupt nicht.*	11 (16)	19 (20)	43 (37)	19 (20)	7 (8)	betrifft mich sehr.*
interessiert mich sehr.	13 (13)	30 (32)	40 (37)	14 (14)	4 (4)	interessiert mich überhaupt nicht.

Anmerkungen: Angaben in Prozent. Ohne Klammern: 2020. In Klammern: 2016. Einzelne Prozentangaben ergeben mitunter in der Summe nicht 100 Prozent, da sie gerundet wurden. ***p<0.001; **p<0.01; *p<0.05. Ohne Indizierung: n.s. T-Test. Datenbasis: ZMSBw: Personalbefragung 2016 und 2020.

4.3. Bewertung der Wirksamkeit der neun Maßnahmenpakete

Tab. 4.3.1 gibt die Antwortverteilungen auf die Fragen nach der Bewertung der Wirksamkeit der mittlerweile neun Maßnahmenpakete zur Attraktivitätssteigerung wieder. Zur Unterstützung bei der Beantwortung der Fragen wurden alle Maßnahmenpakete in einem Infokasten im Fragebogen kurz erläutert.

Tab. 4.3.1: Bewertung der Maßnahmenpakete der Agenda Attraktivität

Die Attraktivitätsagenda umfasst insgesamt neun Maßnahmenpakete. Wie bewerten Sie ganz allgemein jedes dieser Pakete im Hinblick auf das Ziel der Steigerung der Attraktivität der Bundeswehr als Arbeitgeber?	positiv	eher positiv	neutral	eher negativ	negativ	Maßnahmen-paket ist mir nicht bekannt
1. Führungs- und Organisationskultur (n.s.)	10 (13)	27 (28)	28 (29)	8 (7)	2 (3)	25 (20)
2. Potenziale mobilisieren (n.s.)	14 (18)	30 (31)	25 (27)	6 (5)	1 (3)	24 (17)
3. Balance Familie und Dienst (n.s.)	27 (33)	31 (27)	20 (19)	5 (6)	2 (4)	14 (11)
4. Arbeitsautonomie (n.s.)	20 (20)	25 (27)	26 (26)	7 (8)	2 (4)	20 (14)
5. Karrierepfade (n.s.)	21 (25)	29 (26)	22 (21)	8 (9)	3 (4)	17 (15)
6. Gesunder Arbeitsplatz*	22 (22)	35 (31)	21 (25)	5 (7)	2 (2)	14 (13)
7. Moderne Unterkünfte und Büros**	23 (24)	29 (25)	21 (24)	9 (10)	5 (6)	13 (11)
8. Verankerung der Bundeswehr in der Gesellschaft (n.s.)	22 (20)	26 (27)	25 (30)	9 (8)	4 (3)	14 (12)
9. Betreuung und Fürsorge	23	33	23	5	2	15

Anmerkungen: Angaben in Prozent. Ohne Klammern: 2020, in Klammern 2016. Einzelne Prozentangaben ergeben mitunter in der Summe nicht 100 Prozent, da sie gerundet wurden. ***p<0.001; **p<0.01; *p<0.05. T-Test; n.s. = nicht signifikant. Datenbasis: ZMSBw: Personalbefragung 2016 und 2020. #Zusammengefasst diejenigen, die die Frage insgesamt nicht beantwortet oder „Maßnahmenpaket ist mir nicht bekannt" angekreuzt haben.

Sofern ihnen die Attraktivitätsagenda grundsätzlich bekannt ist, können die Befragten in der überwiegenden Mehrheit mit den neun Maßnahmenpaketen im Einzelnen inhaltlich etwas verbinden. Jedes der Maßnahmenpakete ist mindestens drei von vier Befragten bekannt. Der Bekanntheitsgrad jedes Maßnahmenpaketes ist damit 2020 niedriger als noch 2016; dies betrifft insbesondere die Maßnahmenpakete „Führungs- und Organisationskultur", „Potenziale mobilisieren" und „Arbeitsautonomie" mit einem Rückgang von fünf und mehr Prozentpunkten. Die Bundeswehrangehörigen gehen grundsätzlich davon aus, dass sich die Maßnahmenpakete zur Steigerung der Attraktivität der Bundeswehr als Arbeitgeber eignen. Jeweils eine absolute Mehrheit bewertet die folgenden vier Maßnahmenpakete als „positiv" oder „eher positiv": „Balance Familie und Dienst", „Gesunder

Arbeitsplatz“, „Moderne Unterkünfte und Büros“ und „Betreuung und Fürsorge“. „Spitzenreiter“ mit 58 Prozent (eher) positiver Bewertungen ist das Paket „Balance Familie und Dienst“ – wohl auch deswegen, weil in der Vergangenheit bereits vor der Agenda immer wieder vergleichbare Maßnahmen zur Attraktivitätssteigerung eingeleitet wurden und die Thematik „Work-Life-Balance“, im Verhältnis z.B. zum abstrakteren Maßnahmenpaket „Potenziale mobilisieren“, recht gut fassbar und verständlich ist.

Sieht man davon ab, dass der Kenntnisstand zurückgegangen ist, zeigt sich eine weitgehende Übereinstimmung zwischen den beiden Erhebungswellen, was die Bewertung der Wirksamkeit der Pakete angeht. Hierzu wurden Mittelwertvergleiche angestellt für die ersten fünf Antwortkategorien („positiv“ bis „negativ“). Für sechs der ursprünglich acht Maßnahmenpakete zeigt sich kein statistisch signifikanter Unterschied, für die Maßnahmenpakete „Gesunder Arbeitsplatz“ und „Moderne Unterkünfte und Büros“ konnte eine Verschiebung in Richtung von mehr positiven Urteilen festgestellt werden. Sie werden 2020 stärker als 2016 für geeignet betrachtet, die Bundeswehr attraktiver für die Soldatinnen und Soldaten sowie die zivilen Mitarbeiterinnen und Mitarbeiter zu machen.

Wahrnehmungen über bisherige Wirkungen der – wie gezeigt wurde – mehrheitlich positiv bewerteten Maßnahmenpakete können sich auf die eigene private und berufliche Situation beziehen oder wenigstens im direkten Arbeitsumfeld festgestellt werden. Tab. 4.3.2 zeigt die durchschnittlichen Perzeptionen von Wirkungen der neun Maßnahmenpakete. Für alle Pakete gilt, dass jeweils nur eine Minderheit bisher Effekte für sich persönlich wahrgenommen hat mit einer Spannweite von 2 Prozent (z.B. „Führungs- und Organisationskultur“) bis 13 Prozent („Gesunder Arbeitsplatz“). Auch wenn man bei sich selbst noch keine Wirkungen erfahren hat, so gehen für jedes der neun Pakete mehr Personen davon aus, dass es schon Wirkungen im Arbeitsumfeld gibt mit einer Spannweite von 13 Prozent („Führungs- und Organisationskultur“) bis 36 Prozent („Gesunder Arbeitsplatz“).

Tab. 4.3.2: Wirkungen der Maßnahmenpakete der Agenda Attraktivität im dienstlichen und privaten Umfeld

Bitte geben Sie nun an, ob und inwieweit Sie bereits Wirkungen der einzelnen Maßnahmenpakete in Ihrem dienstlichen und privaten Umfeld erfahren haben.	Das Maßnahmenpaket hat sich bei mir persönlich schon ausgewirkt	Ich habe in meinem direkten Arbeitsumfeld schon Wirkungen festgestellt	Ich habe bisher keine Wirkung festgestellt	Trifft auf mich nicht zu / Maßnahmenpaket ist mir nicht bekannt
1. Führungs- und Organisationskultur (n.s.)	2 (2)	13 (12)	57 (57)	28 (29)
2. Potenziale mobilisieren**	2 (2)	17 (13)	53 (57)	28 (28)
3. Balance Familie und Dienst***	9 (6)	31 (26)	38 (47)	23 (22)
4. Arbeitsautonomie***	9 (9)	29 (23)	41 (49)	21 (19)
5. Karrierepfade***	6 (3)	21 (16)	51 (60)	21 (22)
6. Gesunder Arbeitsplatz***	13 (11)	36 (28)	38 (46)	13 (16)
7. Moderne Unterkünfte und Büros***	10 (7)	28 (20)	47 (47)	15 (26)
8. Verankerung der Bundeswehr in der Gesellschaft (n.s.)	7 (5)	27 (27)	51 (52)	14 (16)
9. Betreuung und Fürsorge	8	32	40	20

Anmerkungen: Angaben in Prozent. Ohne Klammern: 2020, in Klammern 2016. Einzelne Prozentangaben ergeben mitunter in der Summe nicht 100 Prozent, da sie gerundet wurden. ***$p<0.001$; **$p<0.01$; *$p<0.05$; n.s. = nicht signifikant. Pearson-Chi^2-Test. Datenbasis: ZMSBw: Personalbefragung 2016 und 2020.

Der Anteil derjenigen, denen das Maßnahmenpaket nicht bekannt ist oder die davon ausgehen, dass es für sie nicht relevant ist, variiert mit einer Spannweite von 13 Prozent („Gesunder Arbeitsplatz“) bis 28 Prozent („z.B. Führungs- und Organisationskultur“). Der Längsschnittvergleich zeigt für sechs von acht Maßnahmenpaketen (bis auf „Führungs- und Organisationskultur“ und „Verankerung der Bundeswehr in der Gesellschaft“) signifikante Unterschiede in die aus Sicht der Agenda Attraktivität intendierte Richtung. Im Zeitvergleich stellen die Bundeswehrangehörigen 2020 mehr Wirkungen bei sich oder im Umfeld fest als noch 2016. Der Anteil derjenigen, denen ein Maßnahmenpaket nicht bekannt ist oder die davon ausgehen, dass es für sie nicht relevant ist, ändert sich jedoch – bis auf den Fall „Moderne Unterkünfte und Büros“ mit einer positiven Richtung – seit 2016 so gut wie nicht.

4.4 Das „Gesetz zur nachhaltigen Stärkung der personellen Einsatzbereitschaft der Bundeswehr“ aus Sicht der Bundeswehrangehörigen

Der Deutsche Bundestag hatte im Juni 2019 das „Gesetz zur nachhaltigen Stärkung der personellen Einsatzbereitschaft der Bundeswehr“ (BwEinsatzBerStG) beschlossen. Das Artikelgesetz sieht zahlreiche finanzielle, soziale und dienstrechtliche Verbesserungen vor, um den Soldatenberuf attraktiver zu machen. Hierfür werden 30 Gesetze und Verordnungen geändert. In den kommenden vier Jahren sollen 380 Millionen Euro investiert werden. Alle vier Befragtengruppen aus obiger Tab. 4.1.1, also auch diejenigen, die sich unter der Agenda Attraktivität nichts vorstellen können, sollten die Fragen hierzu beantworten (Tab. 4.4.1). Das Gesetz zielt zwar auch auf die Steigerung der Attraktivität der Bundeswehr als Arbeitgeber ab, steht aber nur in mittelbarem Zusammenhang mit der Agenda Attraktivität.

Tab. 4.4.1: Wissen über das BwEinsatzBerStG

Der Bundestag hat das „Gesetz zur nachhaltigen Stärkung der personellen Einsatzbereitschaft der Bundeswehr“ (BwEinsatz-BerStG) – kurz: Artikelgesetz – verabschiedet. Haben Sie vor dieser Befragung schon einmal davon gehört bzw. gelesen und was wissen Sie darüber?	gesamt	Geschlecht***		Status***	
		weiblich	männlich	mil.	ziv.
1. Ich habe mich intensiv damit beschäftigt und kenne alle wesentlichen Fakten und Zusammenhänge.	3	1	4	4	2
2. Ich habe davon gehört bzw. gelesen und kenne einige Fakten und Zusammenhänge.	23	14	25	27	14
3. Ich habe davon gehört bzw. gelesen, weiß aber nichts Konkretes.	30	28	31	32	27
4. Ich habe vorher noch nie davon gehört bzw. gelesen und kann mir auch nichts darunter vorstellen.	44	57	41	38	57

Anmerkungen: Angaben in Prozent. Einzelne Prozentangaben ergeben mitunter in der Summe nicht 100 Prozent, da sie gerundet wurden. ***p<0.001; **p<0.01; *p<0.05. Pearson-Chi²-Test. Datenbasis: ZMSBw: Personalbefragung 2020.

Nur gut ein Viertel der Befragten hat zumindest schon einmal von dem Artikelgesetz gehört oder gelesen und kennt einige Fakten und Zusammenhänge. Da die neuen Regelungen v.a. Soldatinnen und Soldaten betreffen, ist es nicht verwunderlich, dass das zivile Personal signifikant weniger darüber weiß, als das militärische. Der eher geringe Kenntnisstand über die Wirkungen des Gesetztes offenbart sich auch im Meinungsbild: Eine relative Mehrheit der Befragten will sich gegenüber dem Artikelgesetz nicht klar positionieren, was sich an der starken Besetzung der Antwortmitte ablesen lässt (Tab. 4.4.2).

Tab. 4.4.2: Bewertung des BwEinsatzBerStG

	Bitte beurteilen Sie das Artikelgesetz im Hinblick auf folgende Aspekte. Sehen Sie sich hierzu die gegensätzlichen Aussagen an. Mit den Kästchen dazwischen können Sie Ihre Antwort abstufen. Das Artikelgesetz ...					
	1	**2**	**3**	**4**	**5**	
ist geeignet, die Bundeswehr attraktiver zu machen.	8	41	41	8	2	ist ungeeignet, die Bundeswehr attraktiver zu machen.
motiviert mich.	4	19	44	20	13	motiviert mich nicht.
betrifft mich überhaupt nicht.	11	18	44	21	5	betrifft mich sehr.
wird sich auf mich persönlich stark auswirken.	3	11	42	22	21	wird keinerlei Auswirkungen auf mich haben.

Anmerkungen: Angaben in Prozent. Einzelne Prozentangaben ergeben mitunter in der Summe nicht 100 Prozent, da sie gerundet wurden. Datenbasis: ZMSBw: Personalbefragung 2020.

4.5 Dienst- und Vorgesetztenzufriedenheit

Die Dienstzufriedenheit wurde über eine 7-stufige Likert-Skala zu allen drei Zeitpunkten mit der Frage „Wie zufrieden sind Sie gegenwärtig, alles in allem, mit Ihrem Dienst in der Bundeswehr?“ gemessen. Tab. 4.5.1 gibt die Antwortverteilungen für alle Bundeswehrangehörigen für die drei Befragungszeitpunkte wieder. Die Zufriedenheit steigt seit Beginn der Studie an: Beträgt der zusammengefasste Anteil der „sehr Zufriedenen“ und „Zufriedenen“ 2013 noch 26 Prozent, so liegt er 2016 bei 36 Prozent und 2020 bei 41 Prozent. Das macht einen Zuwachs von 15 Prozentpunkten von 2013 auf 2020 aus. Die Unterschiede zwischen den Messintervallen sind statistisch hoch signifikant.

Tab. 4.5.1: Dienstzufriedenheit im Zeitvergleich

Wie zufrieden sind Sie gegenwärtig, alles in allem, mit Ihrem Dienst in der Bundeswehr?	2013***	2016***	2020***
sehr zufrieden	3	6	7
zufrieden	23	30	34
eher zufrieden	23	26	27
teils/teils	19	17	15
eher unzufrieden	17	12	10
unzufrieden	10	6	5
sehr unzufrieden	5	3	2

Anmerkungen: Angaben in Prozent. Einzelne Prozentangaben ergeben mitunter in der Summe nicht 100 Prozent, da sie gerundet wurden. ***p<0.001; **p<0.01; *p<0.05. T-Test. Datenbasis: ZMSBw: Personalbefragung 2016 und 2020, Befragung zur Attraktivität der Bundeswehr 2013.

In der aktuellen Erhebung wurde – wie schon 2016 – nach der Zufriedenheit mit dem Vorgesetzten bzw. der Vorgesetzten gefragt (Tab. 4.5.2). Eine knappe Mehrheit von 51 Prozent der Befragten ist mit den Vorgesetzten eher oder sehr zufrieden, wobei Männer tendenziell zufriedener sind als Frauen. Ein Statusvergleich (ziv./mil.) gab keinen signifikanten Unterschied.

Tab. 4.5.2: Vorgesetztenzufriedenheit 2020 nach Geschlecht und Statusgruppen

Wie zufrieden sind Sie, alles in allem, mit dem Führungsstil Ihres unmittelbaren Vorgesetzten bzw. Ihrer unmittelbaren Vorgesetzten?	gesamt	Geschlecht***		Status (n.s.)	
		weiblich	männlich	mil.	ziv.
sehr zufrieden	19	16	20	20	18
eher zufrieden	32	31	33	32	33
teils/teils	26	28	26	26	26
eher unzufrieden	16	16	15	17	16
sehr unzufrieden	7	8	6	7	8

Anmerkungen: Angaben in Prozent. Einzelne Prozentangaben ergeben mitunter in der Summe nicht 100 Prozent, da sie gerundet wurden. ***$p<0.001$; **$p<0.01$; *$p<0.05$; n.s. = nicht signifikant. Test T-Test. Datenbasis: ZMSBw: Personalbefragung 2020.

Tab. 4.5.3 ist zu entnehmen, dass die Vorgesetztenzufriedenheit von 2016 auf 2020 signifikant gesunken ist. Waren 2016 noch 60 Prozent „sehr“ bzw. „eher zufrieden“, so sind es 2020 nur noch 51 Prozent.

Tab. 4.5.3: Vorgesetztenzufriedenheit im Längsschnitt

Wie zufrieden sind Sie, alles in allem, mit dem Führungsstil Ihres unmittelbaren Vorgesetzten bzw. Ihrer unmittelbaren Vorgesetzten?	2016***	2020***
sehr zufrieden	26	19
eher zufrieden	34	32
teils/teils	19	26
eher unzufrieden	14	16
sehr unzufrieden	6	7

Anmerkungen: Angaben in Prozent. Einzelne Prozentangaben ergeben mitunter in der Summe nicht 100 Prozent, da sie gerundet wurden. ***$p<0.001$; **$p<0.01$; *$p<0.05$. Test T-Test. Datenbasis: ZMSBw: Personalbefragungen 2016 und 2020. In 2013 nicht erfragt.

Im letzten Forschungsbericht (vgl. Richter 2016: 23 f.) zeigte sich: Sowohl 2013 als auch 2016 waren Frauen zufriedener mit ihrem Dienst als ihre Kollegen und Kameraden. Eine höhere Dienstzufriedenheit zwischen den Befragungszeitpunkten konnte zudem separat für das zivile und das militärische Personal diagnostiziert werden. Während das Zufriedenheitsniveau 2013 bei den beiden Statusgruppen noch gleich war, waren zivile Mitarbeiterinnen und Mitarbeiter 2016 zufriedener als Soldatinnen und Soldaten. Von welchen Faktoren und Merkmalen hängt die Dienstzufriedenheit im Jahr 2020 ab? Hierüber gibt Tab. 4.5.4 Aufschluss.

Tab. 4.5.4: Multivariate Regression zur Dienstzufriedenheit

Variablen	Beta	Sig.
Geschlecht (weiblich=1)	0,07	***
Alter	0,02	n.s.
Status (ziv=1)	0,07	**
Einsatzerfahrung	0,01	n.s.
durchschnittliche wöchentliche Arbeitszeit	-0,03	n.s.
Vorgesetztenzufriedenheit	0,41	***
angepasstes R^2	0,175	

Anmerkungen: Signifikanzniveau: ***p<0.001; **p<0.01; *p<0.05; n.s. = nicht signifikant. Das Vorzeichen der Kennzahl Beta gibt die Richtung des Effektes an. Datenbasis: ZMSBw: Personalbefragung 2020.

Keinen Einfluss auf die Dienstzufriedenheit haben das Alter, die Einsatzerfahrung gemessen an der bisherigen Einsatzhäufigkeit (vgl. Tab. 7.1.6) und die durchschnittliche wöchentliche Arbeitszeit. Im Jahr 2020 kann das Ergebnis aus 2016 wiederholt werden, wonach ziviles Personal zufriedener ist als militärisches Personal und Frauen zufriedener als Männer. Wie zu erwarten, hängt die allgemeine Dienstzufriedenheit von der Vorgesetztenzufriedenheit ab, die sich als erklärungskräftigster Faktor herausschält.

Die Daten zeigen zusammengefasst eindeutig positive Bruttowirkungen im Fall der Dienstzufriedenheit seit Beginn der Studie. Das Verhalten der Vorgesetzten hat einen starken Effekt auf die allgemeine Dienstzufriedenheit. Die Vorgesetztenzufriedenheit ist jedoch seit 2016 merklich zurückgegangen.[9]

---

[9] Der Frage, worauf dieser Rückgang der Vorgesetztenzufriedenheit bei gleichzeitiger erfreulicher Entwicklungen bei anderen Kernindikatoren der Umfrage (Arbeitgeberattraktivität, Dienstzufriedenheit usw.) zurückzuführen ist, widmet sich ein eigenständiger Forschungsbericht, der nach Freigabe ebenfalls veröffentlicht werden soll.

4.6. Attraktivität der Bundeswehr

Die Arbeitgeberattraktivität bezeichnet die Anziehungskraft eines Arbeitgebers auf externe (Bewerberinnen und Bewerber) und interne (Mitarbeiterinnen und Mitarbeiter) Zielgruppen. Die Variable „Arbeitgeberattraktivität“ wurde 2013, 2016 wie 2020 mit sechs Items über 5-stufige Likert-Skalen gemessen. Tab. 4.6.1 gibt die Antworten auf drei ausgewählte Items wieder.

Tab. 4.6.1: Arbeitgeberattraktivität im Zeitvergleich

Inwieweit treffen die folgenden Aussagen auf Sie zu?	trifft zu	trifft eher zu	teils/teils	trifft eher nicht zu	trifft nicht zu
Für mich ist die Bundeswehr ein attraktiver Arbeitgeber.					
2013	14	25	39	15	7
2016	24	35	30	8	3
2020	33	35	24	6	2
Wenn ich noch einmal die Wahl hätte, dann würde ich wieder bei der Bundeswehr anfangen.					
2013	23	20	23	15	19
2016	32	24	20	12	12
2020	37	26	19	10	9
Freunden oder Bekannten würde ich empfehlen, bei der Bundeswehr anzufangen.					
2013	9	14	33	20	24
2016	15	21	34	17	14
2020	18	24	34	14	10

Anmerkungen: Angaben in Prozent. Einzelne Prozentangaben ergeben mitunter in der Summe nicht 100 Prozent, da sie gerundet wurden. Datenbasis: ZMSBw: Personalbefragung 2016 und 2020, Befragung zur Attraktivität der Bundeswehr 2013.

Während zu Beginn der Studie 39 Prozent der Bundeswehrangehörigen der Meinung waren, dass die Bundeswehr ein attraktiver Arbeitgeber ist („trifft eher zu“ und „trifft zu“ zusammengefasst), waren es zwei Jahre nach Start der Agenda 59 Prozent und heute, sechs Jahre nach Beginn der Attraktivitätsoffensive, sind es 68 Prozent. Das macht einen Anstieg von 2013 auf 2020 um 29 Prozentpunkte aus. Die Antworten auf die anderen beiden Items aus Tabelle 4.6.1 bestätigen das Ergebnis: 43 Prozent würden 2013 wieder bei der Bundeswehr anfangen zu arbeiten; 2020 sind es 63 Prozent. 23 Prozent würden 2013 Freunden oder Bekannten empfehlen, bei der Bundeswehr anzufangen; 2020 sind es 42 Prozent.

In einem nächsten Schritt wurde ein additiver Index aus den sechs Items konstruiert. Hohe Werte der Variablen geben eine hohe Arbeitgeberattraktivität an. Indexkennwerte (2013, 2016 und 2020 zusammengefasst): [-1; 1]; M=0,13; SD=0,56; Min=-1; Max=1; Cronbach's α=0,93. Die Bundeswehrangehörigen messen ihrem Dienstherrn 2016 eine signifikant höhere Arbeitgeberattraktivität zu als noch 2013. Gleiches gilt für den Vergleich zwischen 2016 und 2020 ($M_{(2013)}$=0,04; $M_{(2016)}$=0,22; $M_{(2020)}$=0,33; T-Test: $p<0.001$). Für das Jahr 2020 ergab ein multivariates Basismodell (lineare Regression), dass Frauen die Bundeswehr attraktiver finden als Männer, ziviles Personal sie attraktiver finden als militärisches Personal und dass die Arbeitgeberattraktivität leicht mit dem Alter sinkt (vgl. Tab. 4.6.2).

Tab. 4.6.2: Multivariate Regression zur Arbeitgeberattraktivität

Variablen	Beta	Sig.
Geschlecht (weiblich=1)	0,09	***
Alter	-0,08	***
Status (ziv=1)	0,16	***
angepasstes R^2	0,03	

Anmerkungen: Signifikanzniveau: ***p<0.001; **p<0.01; *p<0.05; n.s. = nicht signifikant. Das Vorzeichen der Kennzahl Beta gibt die Richtung des Effektes an. Datenbasis: ZMSBw: Personalbefragung 2020.

Der Attraktivitätsindex wird im Folgenden benötigt, um den Einfluss der Befriedigung von berufsbezogenen Bedürfnissen auf die Arbeitgeberattraktivität zu ermitteln und zu analysieren, ob und welche Nettowirkungen der Agenda Attraktivität auf die Arbeitgeberattraktivität existieren.

4.6.1 Motivationstheoretische Grundlagen

Grundlage für die weiteren Analysen sind motivationstheoretische Ansätze: „Aus einer spezifischen Perspektive lässt sich die Organisation als Struktur von Anreizen begreifen, durch die es mehr oder weniger gelingt, die Motive der Organisationsmitglieder so zu aktivieren, dass daraus Verhaltensintentionen im Sinne der vorgegebenen Zielsetzungen resultieren." (Rosenstiel 2003: 388) Die Zielsetzung der Agenda Attraktivität ist die Steigerung der Attraktivität des Bundeswehr als Arbeitgeber, sowohl in der Binnen- als auch in der Außenperspektive (internes und externes Personalmarketing sind adressiert), d.h. die „Verhaltensintentionen" potenzieller Bewerberinnen und Bewerber zu beeinflussen und die „Bleibemotivation" der Bundeswehrangehörigen zu aktivieren: „Richtet sich ein Personalmarketing auf den internen Arbeitsmarkt (*internes Personalmarketing*) aus, so bezieht es sich im Wesentlichen auf Versuche, die Mitarbeiterbindung positiv zu beeinflussen. Hier geht es dann darum, vor allem eine erhöhte Bleibemotivation [...] der bereits im Betrieb beschäftigten Mitarbeiter zu erreichen. Hier ist die gesamte Palette betrieblicher Anreize bzw. deren Gestaltung angesprochen“ (Berthel/Becker 2013: 338, Hervorhebung im Original).

Um Empfehlungen insbesondere für das interne Personalmarketing aussprechen zu können, d.h. wie eine die Bleibemotivation fördernde interne Anreizstruktur zweckmäßigerweise auszugestalten ist, wurde in dieser Studie ein motivationstheoretischer Bezugsrahmen angelegt und entsprechend im Fragebogen operationalisiert. Generell lassen sich Inhaltstheorien von Prozesstheorien der Motivation abgrenzen (vgl. Schanz 2000: 118). Zur *ersten* Theoriegruppe zählt die weithin bekannte Theorie der Bedürfnishierarchie von Maslow (1943), der fünf Bedürfnisklassen hierarchisch anordnet: Physiologische Bedürfnisse (Hunger, Durst, Schlafen usw.), Sicherheitsbedürfnisse (Schutz, Vorsorge, Angstfreiheit usw.), Soziale Motive (Kontakt, Liebe, Zugehörigkeit usw.), Ich-Motive (Anerkennung, Status, Prestige usw.) und Selbstverwirklichung (vgl. Rosenstil 2003: 395). Die Bedürfnisse der ersten vier Klassen sind Defizitbedürfnisse, d.h. falls sie nicht befriedigt werden, wird ein Gleichgewicht angestrebt. Das Prinzip der ‚prepotency‘ besagt, dass das hierarchisch niedrigste noch nicht befriedigte Motiv dominant und zum zentralen Handlungsantrieb wird (Frustrations-Hypothese); ebenso aber aktiviert ein befriedigtes Bedürfnis das nächsthöhere Bedürfnis (Satisfaktions-Progressions-Hypothese). Das fünfte Bedürfnis folgt der Logik eines Wachstumsbedürfnisses, d.h. das Bedürfnis nach Selbstverwirklichung kann tendenziell nicht befriedigt werden und wirkt kontinuierlich als ein Handlungsantrieb.

In Weiterentwicklung des Ansatzes von Maslow unterscheidet Alderfer (1972) drei Bedürfnisklassen, deren Anfangsbuchstaben dem ERG-Konzept seinen Namen geben: Existence (Hunger, Sicherheit usw.), Relatedness (sozialer Kontakt, Ansehen usw.) und Growth (Selbstverwirklichung, persönliche Weiterentwicklung usw.). Ähnlich wie bei Maslow stehen die drei Bedürfnisklassen in einem wechselseitigen, jedoch nicht mehr in einem rein hierarchischen Verhältnis. Zu den zwei Hypothesen von Maslow kommen zwei weitere hinzu: Demnach kann ein nicht befriedigtes Bedürfnis ein hierarchisch niedrigeres dominant werden lassen (Frustrations-Regressions-Hypothese) oder es kann im Sinne einer Persönlichkeitsentwicklung zu einer Aktivierung höherer Bedürfnisse führen (Frustrations-Progressions-Hypothese) (vgl. Weber et al. 2005: 108). Das ERG-Konzept hat gegenüber dem Ursprungsmodell von Maslow eine stärkere empirische Unterstützung gefunden (ebd.: 108), was mit ein Grund dafür war, diese Inhaltstheorie als Rahmen für die vorliegende Studie zu wählen (Tab. 4.6.1.1).

Tab. 4.6.1.1: Zuordnung von Einzelbedürfnissen zu Bedürfnisklassen

Bedürfnisklassen	**32 Einzelbedürfnisse** (in Klammern: Abkürzung mit Nummer des Items im Originalfragebogen) Wenn Sie an Ihren Dienst bei der Bundeswehr denken: Wie beurteilen Sie die folgenden Punkte? Inwieweit trifft es zu, ...
Existenzielle Bedürfnisse (Existence)	dass Sie gut bezahlt werden? (**Bezahlung, F21**) dass die Bundeswehr umfangreiche Sozialleistungen, beispielsweise eine kostenfreie ärztliche Versorgung, bietet? (**Sozialleistungen, F22**) dass es gesunde Arbeitsbedingungen gibt und man vor Staub, Lärm usw. geschützt ist? (**Arbeitsbedingungen, F23**) dass Ihr Arbeitsplatz sicher ist und man nicht arbeitslos wird? (**Arbeitsplatzsicherheit, F25**) dass sich Ihr Arbeitsplatz in unmittelbarer Nähe zu Ihrem Wohnort befindet? (**Nähe Arbeitsplatz/Wohnort, F26**) dass Sie nur selten berufsbedingt umziehen müssen? (**Umzüge, F27**) dass Sie nur selten länger als 39/41 Stunden in der Woche arbeiten müssen? (**maximal 39/41 Stunden arbeiten, F28**) dass Sie an den Wochenenden immer frei haben? (**freie Wochenenden, F29**) dass Sie nur selten Dienstreisen machen müssen? (**selten Dienstreisen, F30**) dass sich die Liegenschaft/Kaserne in einem guten baulichen Zustand befindet? (**Zustand Liegenschaft, F31**) dass sich die Diensträume in einem guten Zustand befinden? (**Zustand Diensträume, F32**)
Soziale Bedürfnisse (Relatedness)	dass Sie vorbildliche Vorgesetzte haben? (**vorbildliche Vorgesetzte, F11**) dass Sie nette Kameradinnen und Kameraden haben? (**soziales Arbeitsumfeld, F12**) dass Sie viel mit Menschen zu tun haben? (**Kontakt mit Menschen, F13**) dass alle bei wichtigen Fragen mitbestimmen können? (**Mitbestimmungsmöglichkeiten, F14**) dass es Kameradschaft und Teamwork gibt? (**Kameradschaft/Teamwork, F15**) dass es eindeutige Verantwortlichkeiten in einer klaren Hierarchie gibt? (**eindeutige Verantwortlichkeiten, F16**) dass Sie Untergebene führen können? (**führen zu können, F17**) dass Frauen und Männer gleichberechtigt sind? (**Gleichberechtigung Frauen und Männer, F18**) dass Sie Familie und Dienst gut miteinander vereinbaren können? (**Vereinbarkeit Familie/Dienst, F20**) dass die Bundeswehr Angebote zur Kinderbetreuung bereitstellt? (**Kinderbetreuungsmöglichkeiten, F24**)
Wachstumsbedürfnisse (Growth)	dass Sie eine herausfordernde und interessante Tätigkeit ausüben können? (**interessante Tätigkeit, F01**) dass Sie sich entfalten und entwickeln können? (**Entwicklungsmöglichkeiten, F02**) dass Sie immer wieder neue Aufgaben übernehmen können? (**neue Aufgaben F03**) dass Sie beständig neue Dinge lernen können? (**Neues lernen können, F04**) dass Sie sich regelmäßig weiterbilden können? (**Weiterbildungsmöglichkeiten, F05**) dass Sie viel Verantwortung übernehmen können? (**Übernahme von Verantwortung, F06**) dass Sie befördert werden und Karriere machen können? (**Beförderung/Karriere, F07**) dass Sie selbstständig planen und entscheiden können? (**Entscheidungskompetenzen, F08**) dass Sie sich mit den Zielen der Bundeswehr identifizieren können? (**Organisations-Commitment, F09**) dass die berufliche Tätigkeit mit Ihren Wertvorstellungen vereinbar ist? (**geteilte Wertvorstellungen, F10**) dass es sich um einen angesehenen und geachteten Arbeitgeber handelt? (**angesehener Arbeitgeber, F19**)

Zur *zweiten* Theoriegruppe, also zu den Prozesstheorien der Motivation, zählen alle Ansätze, die unter die Rubrik „Erwartungs-Valenz-Theorie“ fallen. Die Grundannahme ist dabei wie folgt: „Der Mensch wird als rational handelndes Wesen gesehen, das verschiedene Annahmen über zukünftige Ereignisse hat und sein Wahlverhalten danach ausrichtet. Die Theorie steht damit älteren ökonomischen Ansätzen, z.B. den Utilitaristen, nahe" (Weber et al. 2005: 109). Das hier interessierende Wahlverhalten ist die Entscheidung für oder gegen den Verbleib in der Organisation, d.h. positive Handlungsbeiträge im Sinne der Zielsetzungen der Organisation zu leisten bzw. – konkret auf die Situation in der Bundeswehr angewendet – die Entscheidung für oder gegen einen Antrag auf Übernahme als Berufssoldat oder -soldatin. Während die Inhaltstheorien etwas über die Art der Grundlagen der Motivation und der Anreize aussagen, und z.B. die Frage zu beantworten versuchen, welche Bedürfnisse mit einer beruflichen Tätigkeit befriedigt werden sollen, eignen sich kognitive Prozesstheorien dazu, den dahinterliegenden individuellen Entscheidungsprozess zu modellieren. So ist es der Anspruch der klassischen Valenz-Instrumentalitäts-Erwartungstheorie (VIE) von Vroom (1964), das Ergebnis von Wahlen zwischen verschiedenen Handlungen und Aufgaben und das jeweilige Anstrengungsniveau bei diesen Handlungen zu prognostizieren (vgl. Rosenstil 2003: 405).

Die in Abschnitt 4.6.2 verwendeten Konzepte von Instrumentalitäten $M_{(j)}$ und Valenzen $V_{(j)}$ lehnen sich an die Begrifflichkeiten der VIE-Theorie an. Die im Fragebogen abgefragten Bedürfnisse, die sich inhaltlich den Alderferschen Bedürfnisklassen zuordnen lassen, sind als Instrumentalitäten zu interpretieren, d.h. sie geben Auskunft darüber, in welchem Maße z.B. ein Mitarbeiter oder eine Mitarbeiterin annimmt, das ein berufsbezogenes Bedürfnis durch den Dienstherrn bisher erfüllt wurde bzw. zukünftig erfüllt wird. Die statistischen Korrelationen der Einzelbedürfnisse mit dem oben eingeführten Attraktivitätsindex (Tab. 4.6.2.2) sind als Valenzen zu interpretieren, die sozusagen ein Bedürfnis mit der subjektiven Bedeutung eben dieses Bedürfnisses für den Befragten gewichten.[10]

Kognitive Prozesstheorien der Motivation sind inhaltsleer, sagen also nichts über die Art der für Organisationsangehörige tatsächlich wirkenden Bedürfnisse aus und geben keine Anhaltspunkte, welche Gründe für oder gegen einen Verbleib bei einem Arbeitgeber handlungsleitend sind. Im Gegenzug sagen Inhaltstheorien der Motivation nichts über die kognitiven Prozesse aus, die bei Entscheidungsfindungen ablaufen. Erst die Kombination von Inhalts- und Prozesstheorien, die für die theoretische und methodische Anlage dieser Befragungsstudie entwickelt wurde, ermöglicht es einerseits, Bedürfnisse und Bedürfnisklassen in ihrer Bedeutung für die Arbeitgeberattraktivität zu ermitteln und untereinander zu gewichten, sowie andererseits, den Prozess im Erhebungsinstrument zu modellieren.

[10] Das methodische Vorgehen entspricht dem von Richter (2019a: 103).

4.6.2 Berufsbezogene Bedürfnisse

Die Fragebögen enthielten zu allen drei Befragungszeitpunkten 32 Einzelbedürfnisse, von denen ausgegangen werden kann, dass sie personalbindungsrelevant sind. Wie stark die Bundeswehrangehörigen die Befriedigung dieser Bedürfnisse in den drei Befragungswellen erleben, ist Tab. 4.6.2.1 zu entnehmen. Die Einzelaspekte wurden jeweils über eine 5-stufige Likert-Skala (Antwortvorgaben: „trifft nicht zu", „trifft eher nicht zu", „teils/teils", „trifft eher zu", „trifft zu") erhoben. Die Tabellen enthalten der besseren Übersichtlichkeit wegen nur die Mittelwerte für die jeweiligen Einzelbedürfnisse; hohe Mittelwerte geben einen hohen Grad der Bedürfnisbefriedigung an. Tab. 4.6.2.1 ist nach dem Grad der Bedürfnisbefriedigung für das aktuelle Erhebungsjahr absteigend sortiert. Tab. 4.6.2.2 zeigt die Entwicklungen für die drei Befragungsjahre auf, wobei nach dem höchsten Unterschied in der Entwicklung von 2013 auf 2020 absteigend sortiert wurde.

In einem nächsten Schritt wird die subjektive Bedeutung der 32 untersuchten Einzelaspekte für die Gesamtattraktivität ermittelt. Tab. 4.6.2.3 ist für das Jahr 2020 zu entnehmen, wie stark ein Einzelbedürfnis auf die Attraktivität der Bundeswehr als Arbeitgeber wirkt. Hierzu wurden die Korrelation der Einzelbedürfnisse mit dem Attraktivitätsindex wie oben beschrieben berechnet. Die Maßzahl $V_{(j)}$ ist als durchschnittliche subjektive Valenz eines Einzelbedürfnisses j im Hinblick auf Arbeitgeberattraktivität zu interpretieren. Die Listung in der Tabelle erfolgt entlang der Valenzstärken, d.h. des Wertes von $V_{(j)}$ absteigend.[11]

[11] Die entsprechenden Tabellen für die Erhebungsjahre 2013 und 2016 sind Richter (2016: 31 f.) zu entnehmen.

Tab. 4.6.2.1: Erlebte Bedürfnisbefriedigung im Zeitvergleich

Einzelbedürfnis	$M_{(j)}$ 2013	2016	2020
F25: Arbeitsplatzsicherheit	0,48	0,61	0,69
F13: Kontakt zu Menschen	0,56	0,59	0,63
F12: soziales Umfeld	0,45	0,46	0,46
F01: interessante Tätigkeit	0,25	0,36	0,43
F18: Gleichberechtigung Frauen und Männer	0,27	0,35	0,41
F29: freie Wochenenden	0,27	0,35	0,41
F10: geteilte Wertvorstellungen	0,16	0,30	0,39
F22: Sozialleistungen	0,20	0,35	0,37
F21: Bezahlung	0,23	0,25	0,34
F15: Kameradschaft/Teamwork	0,18	0,26	0,29
F27: Umzüge	0,10	0,20	0,28
F06: Übernahme von Verantwortung	0,14	0,19	0,25
F23: Arbeitsbedingungen	0,16	0,18	0,23
F30: selten Dienstreisen	0,16	0,21	0,23
F09: Organisations-Commitment	-0,03	0,11	0,20
F03: neue Aufgaben	0,05	0,13	0,19
F20: Vereinbarkeit Familie/Dienst	-0,15	0,03	0,18
F28: maximal 39/41 Stunden arbeiten	-0,08	0,20	0,18
F04: Neues lernen können	-0,00	0,11	0,17
F16: eindeutige Verantwortlichkeiten	0,03	0,14	0,17
F02: Entwicklungsmöglichkeiten	-0,06	0,09	0,14
F19: angesehener Arbeitgeber	-0,03	0,09	0,14
F26: Nähe Arbeitsplatz/Wohnort	-0,01	0,07	0,14
F05: Weiterbildungsmöglichkeiten	-0,11	-0,01	0,11
F11: vorbildliche Vorgesetzte	-0,01	0,04	0,07
F17: führen zu können	-0,08	-0,01	0,05
F32: Zustand Diensträume	0,08	0,07	0,01
F08: Entscheidungskompetenzen	-0,06	-0,06	-0,01
F24: Kinderbetreuungsmöglichkeiten	-0,36	-0,12	-0,08
F07: Beförderung/Karriere	-0,45	-0,25	-0,14
F31: Zustand Liegenschaft	-0,09	-0,10	-0,18
F14: Mitbestimmungsmöglichkeiten	-0,30	-0,26	-0,23

Anmerkungen: $M_{(j)}$: [-1, 1]. Datenbasis: ZMSBw: Personalbefragungen 2016 und 2020, Befragung zur Attraktivität der Bundeswehr 2013. F01-F32: Nummer des Items im Originalfragebogen.

Tab. 4.6.2.2: Entwicklung der Grade der Bedürfnisbefriedigung

Einzelbedürfnis	Δ $M_{(j)}$ 2013/2020	2016/2020	2013/2016
F20: Vereinbarkeit Familie/Dienst	0,33***	0,15***	0,19***
F07: Beförderung/Karriere	0,31***	0,11***	0,21***
F24: Kinderbetreuungsmöglichkeiten	0,28***	0,04*	0,24***
F28: maximal 41 Stunden arbeiten	0,26***	-0,02 (n.s.)	0,28***
F09: Organisations-Commitment	0,23***	0,09***	0,14***
F10: geteilte Wertvorstellungen	0,23***	0,09***	0,14***
F05: Weiterbildungsmöglichkeiten	0,22***	0,12***	0,10***
F25: Arbeitsplatzsicherheit	0,21***	0,09***	0,13***
F02: Entwicklungsmöglichkeiten	0,20***	0,05***	0,15***
F27: Umzüge	0,18***	0,08***	0,11***
F01: interessante Tätigkeit	0,17***	0,06***	0,11***
F04: Neues lernen können	0,17***	0,06***	0,11***
F19: angesehener Arbeitgeber	0,17***	0,04**	0,12***
F22: Sozialleistungen	0,17***	0,02 (n.s.)	0,14***
F03: neue Aufgaben	0,15***	0,06***	0,09***
F26: Nähe Arbeitsplatz/Wohnort	0,15***	0,07***	0,08***
F16: eindeutige Verantwortlichkeiten	0,14***	0,03*	0,11***
F18: Gleichberechtigung Frauen und Männer	0,14***	0,07***	0,08***
F29: freie Wochenenden	0,14***	0,06***	0,08***
F17: führen zu können	0,13***	0,05**	0,07***
F21: Bezahlung	0,12***	0,09***	0,02*
F06: Übernahme von Verantwortung	0,11***	0,06***	0,05***
F15: Kameradschaft/Teamwork	0,11***	0,02*	0,09***
F11: vorbildliche Vorgesetzte	0,08***	0,03*	0,05***
F30: selten Dienstreisen	0,08***	0,03*	0,05***
F13: Kontakt zu Menschen	0,07***	0,04***	0,03**
F14: Mitbestimmungsmöglichkeiten	0,07***	0,03*	0,03**
F23: Arbeitsbedingungen	0,07***	0,05***	0,02 (n.s.)
F08: Entscheidungskompetenzen	0,05***	0,05**	0,00 (n.s.)
F12: soziales Umfeld	0,01 (n.s.)	0,00 (n.s.)	0,00 (n.s.)
F31: Zustand Liegenschaft	-0,09***	-0,07***	-0,02 (n.s.)
F32: Zustand Diensträume	-0,07***	-0,05***	-0,01 (n.s.)

Anmerkungen: $M_{(j)}$: [-1, 1]. ***p<0.001; **p<0.01; *p<0.05; n.s. = nicht significant. T-Test. Datenbasis: ZMSBw: Personalbefragungen 2016 und 2020, Befragung zur Attraktivität der Bundeswehr 2013. F01-F32: Nummer des Items im Originalfragebogen.

Tab. 4.6.2.3: Durchschnittliche Bewertungen zu den 32 Einzelbedürfnissen mit Valenzen (2020)

Einzelbedürfnis	2020	
	$M_{(j)}$	$V_{(j)}$
F19: angesehener Arbeitgeber	0,14	0,55***
F09: Organisations-Commitment	0,20	0,50***
F10: geteilte Wertvorstellungen	0,39	0,43***
F02: Entwicklungsmöglichkeiten	0,14	0,42***
F20: Vereinbarkeit Familie/Dienst	0,18	0,40***
F11: vorbildliche Vorgesetzte	0,07	0,37***
F01: interessante Tätigkeit	0,43	0,34***
F15: Kameradschaft/Teamwork	0,29	0,34***
F04: Neues lernen können	0,17	0,33***
F21: Bezahlung	0,34	0,33***
F16: eindeutige Verantwortlichkeiten	0,17	0,32***
F14: Mitbestimmungsmöglichkeiten	-0,23	0,31***
F05: Weiterbildungsmöglichkeiten	0,11	0,30***
F07: Beförderung/Karriere	-0,14	0,30***
F03: neue Aufgaben	0,19	0,28***
F32: Zustand Diensträume	0,01	0,28***
F31: Zustand Liegenschaft	-0,18	0,27***
F08: Entscheidungskompetenzen	-0,01	0,26***
F23: Arbeitsbedingungen	0,23	0,26***
F12: soziales Umfeld	0,46	0,24***
F18: Gleichberechtigung Frauen und Männer	0,41	0,24***
F27: Umzüge	0,28	0,21***
F24: Kinderbetreuungsmöglichkeiten	-0,08	0,20***
F28: maximal 41 Stunden arbeiten	0,18	0,20***
F29: freie Wochenenden	0,41	0,20***
F25: Arbeitsplatzsicherheit	0,69	0,19***
F26: Nähe Arbeitsplatz/Wohnort	0,14	0,19***
F06: Übernahme von Verantwortung	0,25	0,18***
F13: Kontakt zu Menschen	0,63	0,18***
F22: Sozialleistungen	0,37	0,18***
F30: selten Dienstreisen	0,23	0,16***
F17: führen zu können	0,05	0,09***

Anmerkungen: $M_{(j)}$: [-1, 1]. ***p<0.001; **p<0.01; *p<0.05. $V_{(j)}$: Pearson-Korrelation zwischen Einzelbedürfnis und Attraktivitätsindex. Datenbasis: ZMSBw: Personalbefragung 2020. F01-F32: Nummer des Items im Originalfragebogen.

Auf den obersten fünf Rängen in Tab. 4.6.2.1. finden sich 2020 die Aspekte „Arbeitsplatzsicherheit“, „Kontakt zu Menschen“, „soziales Umfeld“, „interessante Tätigkeit“ und „Gleichberechtigung Frauen und Männer“. Die größten Schwächen der Bundeswehr als Arbeitgeber zeigen sich bei den fünf Aspekten „Entscheidungskompetenzen“, „Kinderbetreuungsmöglichkeiten“, „Beförderung/Karriere“, „Zustand Liegenschaft“ und „Mitbestimmungsmöglichkeiten“. Die Listung 2020 hat insgesamt betrachtet eine weitgehende Übereinstimmung mit der von 2016, d.h. in der Reihenfolge der relativen Stärken und Schwächen der Bundeswehr als Arbeitgeber hat sich kaum eine Verschiebung ergeben. Wo die Bundeswehr ein positives Arbeitgeberimage genießt, tut sie dies 2020 wie schon 2016; wo sie Imageschwächen aufweist, sind diese 2020 wie auch schon 2016 vorhanden.

Tab. 4.6.2.2 zeigt die Entwicklungstrends in Jahresvergleichen auf.[12] Beim aktuellen Vergleich 2016/2020 stechen drei Aspekte heraus, bei denen ein Anstieg von über 10 Punkten zu verzeichnen ist: „Vereinbarkeit Familie/Dienst“, „Beförderung/Karriere“ und „Weiterbildungsmöglichkeiten“. Für die Evaluation ist jedoch der Vergleich 2013/2020 entscheidend, der aufzeigt, wo man in Sachen Arbeitgeberattraktivität in der Bundeswehr heute, sechs Jahre nach Start der Agenda Attraktivität, steht. Bei 29 der insgesamt 32 abgefragten Aspekte ist eine mehr oder weniger starke positive Bilanz feststellbar und beim Aspekt „soziales Umfeld“ keine Veränderung. Verschlechterungen sind hinsichtlich des Zustands der Liegenschaften und des Zustands der Diensträume zu verzeichnen, die auf die Zeit nach 2016 zurückgeführt werden können.

Die Liste mit den stärksten positiven Veränderungen (20 Punkte und darüber) wird angeführt von den Aspekten: „Vereinbarkeit Familie/Dienst“, „Beförderung/Karriere“, „Kinderbetreuungsmöglichkeiten“, „Maximal 39/41 Stunden arbeiten“, „Organisations-Commitment“, „geteilte Wertvorstellungen“, „Weiterbildungsmöglichkeiten“, „Arbeitsplatzsicherheit“ und „Entwicklungsmöglichkeiten“. Fasst man dies zusammen, so ergeben sich Imagegewinne vor allem im Bereich der Work-Life-Balance, bei der Identifikation mit dem Dienstherrn und dem umfangreichen Gebiet persönlicher Weiterentwicklungschancen im Beruf.

Drei Ergebnisse seien vor dem Hintergrund der Zielsetzungen der Agenda Attraktivität hervorgehoben: (1) Die bisher eingeleiteten Maßnahmen unter den Rubriken „Balance von Familie und Dienst“, „Karrierepfade“ und „Verankerung der Bundeswehr in der Ge-

---

[12] Der Vergleich 2013/2016 wird der Vollständigkeit halber aus dem Vorgängerbericht (Richter 2016) wiederholt.

sellschaft“ scheinen offenbar die intendierten Wirkungen gut zu entfalten. (2) Die Umsetzung der gesetzlichen Arbeitszeitregelung, konkretisiert mit der Soldatenarbeitszeitverordnung (SAZV), schlägt sich ebenfalls in den Wahrnehmungen der Zielgruppen nieder: „Nur selten länger als 39/41 Stunden in der Woche arbeiten zu müssen“ wird für immer mehr Bundeswehrangehörige zur Realität. (3) Die bisher eingeleiteten Maßnahmen der Agenda Attraktivität im Bereich Unterkünfte, Büros und Infrastruktur scheinen in der Summe jedoch (noch) nicht zu greifen.

Tab. 4.6.2.3 lässt die zentralen Stellschrauben für die Arbeitgeberattraktivität erkennen. Umso höher der Wert $V_{(j)}$, desto stärker wirkt ein Einzelbedürfnis auf den Attraktivitätsindex, das heißt: wird dieses Bedürfnis mit hoher Valenz nicht erfüllt, so mindert dies die Attraktivitätswahrnehmung. Im Gegenzug ist eine geringe Bedürfnisbefriedigung mit niedriger Valenz in Hinblick auf die Attraktivität insgesamt auch weniger bedeutsam. Folgende fünf Aspekte haben eine vergleichsweise hohe „Durchschlagskraft“ auf die Attraktivität der Bundeswehr: „angesehener Arbeitgeber“, „Organisations-Commitment“, „geteilte Wertvorstellungen“, „Entwicklungsmöglichkeiten“ und „Vereinbarkeit Familie/Dienst“. Insbesondere das „Organisations-Commitment und die „Vereinbarkeit Familie/Dienst“ sind auch Bereiche, die im Längsschnitt seit Beginn der Agenda Attraktivität eine erfreuliche Entwicklung genommen haben (vgl. Tab. 4.6.2.2).

4.7 Nettowirkungen der Agenda auf die Arbeitgeberattraktivität

Die bisherigen Analysen zeigten positive Bruttowirkungen für die Entwicklung der Arbeitgeberattraktivität über alle drei Messzeitpunkte. Der Nettoanteil der Agenda Attraktivität wird wie folgt ermittelt: Bundeswehrangehörige, die bei sich selbst oder in ihrem Umfeld schon Wirkungen von Maßnahmen der Agenda festgestellt haben, werden mit Kolleginnen, Kollegen, Kameradinnen und Kameraden verglichen, die bei sich noch keine Wirkungen festgestellt haben oder der Überzeugung sind, dass sie nicht zur Zielgruppe der Agenda gehören (Tab. 4.7.1).[13] Nimmt die erste Gruppe die Bundeswehr als attraktiver wahr als die zweite, dann ergeben sich positive Nettowirkungen durch die Agenda Attraktivität. Einbezogen wurden nur diejenigen, die zumindest über ein rudimentäres Wissen über die Agenda Attraktivität verfügen, d.h. ohne die Kategorie 4 aus Tab. 4.1.1.

Für alle acht Maßnahmenpakete im Jahr 2016 bzw. alle neun im Jahr 2020 kann eine Nettowirkung auf die Arbeitgeberattraktivität festgestellt werden. Die Unterschiede zwischen den Vergleichsgruppen sind immer signifikant. Die drei Maßnahmenpakete mit den höchsten Nettowirkungen auf die Arbeitgeberattraktivität mit über 20 Punkten sind 2020 „Führungs- und Organisationskultur", „Karrierepfade" und „Potenziale mobilisieren". Die Zahlen verraten auch einen überlagernden Bruttoeffekt, da die Gruppenmittelwerte in beiden Vergleichskategorien 2020 in allen Fällen über denen aus 2016 liegen. Da die Differenzen jedoch in etwa gleich bleiben, sind 2016 und 2020 in etwa auch gleich starke Nettoeffekte vorhanden.

---

[13] Eine Vergleichsstrategie, die Bundeswehrangehörige, die nur bei sich persönlich Wirkungen festgestellt haben, dem Rest der Befragten gegenüberstellen würde, ist aufgrund zu geringer Fallzahlen bei der ersten Gruppe nicht möglich. Auch wenn die eigene berufliche Situation bisher von einer Maßnahme nicht direkt tangiert ist und „nur" indirekt eine Wirkung im Arbeitsumfeld festgestellt wurde, so ist dennoch davon auszugehen, dass solche Wahrnehmungen zu einem positiven Arbeitgeberimage beitragen können. Insofern ist es gerechtfertigt, die direkt und indirekt Betroffenen in einer Vergleichsgruppe zusammenzufassen. Die Kontrollgruppe umfasst all diejenigen, die, aus welchen Gründen auch immer, bisher keine Wirkungen wahrgenommen haben.

Tab. 4.7.1: Nettowirkungen der untergesetzlichen Maßnahmen der Agenda auf die Arbeitgeberattraktivität

Maßnahmenpakete	M Gruppenmittelwert „Attraktivitätsindex“ nur: persönliche Wirkung oder Wirkung im Arbeitsumfeld festgestellt	nur: bisher keine Wirkung festgestellt, Maßnahme trifft nicht zu oder Maßnahme nicht bekannt	Δ M
1. Führungs- und Organisationskultur	0,55 (0,42)	0,26 (0,17)	0,29*** (0,26***)
2. Potenziale mobilisieren	0,49 (0,37)	0,26 (0,17)	0,22*** (0,21***)
3. Balance Familie und Dienst	0,39 (0,34)	0,25 (0,14)	0,14*** (0,20***)
4. Arbeitsautonomie	0,41 (0,32)	0,24 (0,15)	0,17*** (0,17***)
5. Karrierepfade	0,48 (0,39)	0,24 (0,16)	0,23*** (0,24***)
6. Gesunder Arbeitsplatz	0,38 (0,30)	0,23 (0,14)	0,15*** (0,15***)
7. Moderne Unterkünfte und Büros	0,39 (0,30)	0,25 (0,16)	0,14*** (0,14***)
8. Verankerung der Bundeswehr in der Gesellschaft	0,43 (0,37)	0,24 (0,12)	0,19*** (0,24***)
9. Betreuung und Fürsorge	0,39	0,25	0,14***

Anmerkungen: Ohne Klammern 2020, in Klammern 2016. ***p<0.001; **p<0.01; *p<0.05. T-Test. M: [-1, 1]. Datenbasis: ZMSBw: Personalbefragung 2016 und 2020.

4.8 Exkurs: Gründe für die Weiterverpflichtungsbereitschaft von Soldatinnen und Soldaten auf Zeit

Die vorliegende Studie nimmt, wie eingangs herausgestellt wurde, explizit eine Personalbindungsperspektive ein. Zur Deckung des Personalbedarfs der Bundeswehr ist es neben der Gewinnung von zahlenmäßig ausreichendem und adäquat qualifiziertem Personal essenziell, diejenigen Soldatinnen und Soldaten für eine langfristige Perspektive bei der Bundeswehr z.B. als Berufssoldat (BS) zu interessieren, die zum Zeitpunkt der Befragung einen temporären Kontrakt eingegangen sind. Die Antworten der 1.578 SaZ im Jahr 2020 (2016 waren es 1.344) werden im Folgenden genutzt, um die Entscheidungsgrundlagen für deren Weiterverpflichtungsbereitschaft zu eruieren.[14] Tab. 4.8.1 gibt die wichtigsten sozialdemografischen Verteilungen in der Zielgruppe wieder.

Tab. 4.8.1: Geschlecht und Dienstgradgruppe (nur SaZ)

	2016	2020
Anteil Frauen	15	18
Mannschaften	37	42
Unteroffiziere ohne Portepee	30	26
Unteroffiziere mit Portepee	23	23
Leutnante	5	4
Hauptleute	3	3
Stabsoffiziere	2	2

Anmerkungen: Angaben in Prozent. Einzelne Prozentangaben ergeben mitunter in der Summe nicht 100 Prozent, da sie gerundet wurden. Datenbasis: ZMSBw: Personalbefragungen 2016 und 2020.

Alle SaZ wurden gebeten anzugeben, ob sie ihre Dienstzeit über das derzeit festgesetzte Ende hinaus verlängern wollen. Im Erhebungsjahr 2020 antworteten 11 Prozent, dass sie als SaZ verlängern möchten (2016: 19 Prozent), 41 Prozent möchten BS werden (2016: 30 Prozent), 25 Prozent haben sich noch nicht entschieden (2016: 22 Prozent) und 24 Prozent antworteten, dass sie weder verlängern noch BS werden möchten (2016: 30 Prozent). Das bedeutet, dass *erstens* die Anzahl derer, die sich explizit gegen eine weitere Karriere bei der Bundeswehr entscheiden, seit 2016 um 6 Prozentpunkte zurückgegangen ist und *zweitens* die Anzahl der Unentschiedenen mit 3 Prozentpunkten leicht angestiegen ist. *Drittens* wollen heute insgesamt 52 Prozent der SaZ weiterhin Dienst leisten, 2016 waren es nur 49 Prozent. Innerhalb dieser Gruppe haben jedoch merkliche Verschiebungen stattgefunden. Wenn man sich für eine weitere berufliche Zukunft bei

[14] In der Erhebungswelle 2013 wurde dies noch nicht abgefragt.

der Bundeswehr entscheidet, so soll es ein langfristiges Engagement sein, wohingegen ein weiteres temporäres Engagement unattraktiver geworden zu sein scheint. Der Anteil derjenigen, die BS werden wollen, steigt um 11 Prozentpunkte, der Anteil derjenigen, die als SaZ verlängern wollen, fällt dagegen um 8 Prozentpunkte. Alle ausgewiesenen Änderungen von 2016 auf 2020 sind statistisch hoch signifikant (Pearson-Chi^2-Test: $p<0,001$). Insgesamt betrachtet bestätigen die Zahlen zur Bleibemotivation die oben diagnostizierte positive Entwicklung der Arbeitgeberattraktivität.

Für die weitere Analyse wurden zwei Kontrastgruppen gebildet: „Beruflich gebundene SaZ" wollen als SaZ verlängern oder BS werden, „Beruflich nicht gebundene SaZ" lehnen dies ab. Zur ersten Gruppe zählen 2020 somit 813 Fälle des Samples (= 69 Prozent), zur zweiten Gruppe 373 Fälle (= 31 Prozent).[15] Diejenigen, die sich noch nicht entschieden haben, werden 2020 – wie schon 2016 – in der Vergleichsgruppenanalyse nicht berücksichtigt. Die 32 Einzelbedürfnisse wurden dann entlang der Mittelwertunterschiede (=Δ M) zwischen den beiden Kontrastgruppen, d.h. entlang der Stärke ihres Einflusses auf die Personalbindung, sortiert (Tab. 4.8.2[16]).

---

[15] Zur ersten Gruppe zählten 2016 hingegen nur 648 Fälle des Samples (= 62 Prozent), zur zweiten Gruppe 401 Fälle (= 38 Prozent).

[16] Eine entsprechende Tabelle für 2016 findet sich bei Richter (2016: 38).

Tab. 4.8.2: Befriedigung berufsbezogener Bedürfnisse bei beruflich gebundenen und beruflich nicht gebundenen SaZ

	$M_{(j)}$			ΔM
	SaZ gesamt	beruflich gebundene SaZ	beruflich nicht gebundene SaZ	
F02: Entwicklungsmöglichkeiten	0,08	0,24	-0,22	0,46***
F09: Organisations-Commitment	0,17	0,30	-0,13	0,44***
F01: interessante Tätigkeit	0,33	0,46	0,08	0,38***
F04: Neues lernen können	0,11	0,22	-0,16	0,38***
F10: geteilte Wertvorstellungen	0,35	0,45	0,08	0,37***
F19: angesehener Arbeitgeber	0,08	0,20	-0,17	0,36***
F03: neue Aufgaben	0,17	0,27	-0,06	0,33***
F07: Beförderung/Karriere	-0,06	0,04	-0,29	0,33***
F05: Weiterbildungsmöglichkeiten	0,05	0,13	-0,18	0,31***
F11: vorbildliche Vorgesetzte	0,09	0,18	-0,12	0,30***
F20: Vereinbarkeit Familie/Dienst	-0,01	0,09	-0,20	0,30***
F08: Entscheidungskompetenzen	-0,07	0,04	-0,25	0,28***
F14: Mitbestimmungsmöglichkeiten	-0,27	-0,19	-0,45	0,26***
F06: Übernahme von Verantwortung	0,22	0,31	0,07	0,23***
F15: Kameradschaft/Teamwork	0,24	0,31	0,09	0,23***
F26: Nähe Arbeitsplatz/Wohnort	0,02	0,12	-0,11	0,23***
F17: führen zu können	0,06	0,15	-0,06	0,21***
F16: eindeutige Verantwortlichkeiten	0,22	0,26	0,08	0,18***
F32: Zustand Diensträume	-0,03	-0,00	-0,15	0,15***
F18: Gleichberechtigung Frauen und Männer	0,32	0,35	0,21	0,14***
F21: Bezahlung	0,43	0,47	0,33	0,14***
F31: Zustand Liegenschaft	-0,22	-0,19	-0,32	0,13***
F22: Sozialleistungen	0,60	0,64	0,51	0,12***
F28: maximal 41 Stunden arbeiten	0,12	0,16	0,04	0,12**
F29: freie Wochenenden	0,34	0,37	0,25	0,12**
F12: soziales Umfeld	0,45	0,48	0,37	0,11***
F27: Umzüge	0,22	0,26	0,16	0,11*
F13: Kontakt zu Menschen	0,67	0,69	0,59	0,10***
F23: Arbeitsbedingungen	0,18	0,20	0,11	0,08*
F24: Kinderbetreuungsmöglichkeiten	-0,11	-0,11	-0,16	0,05 (n.s.)
F25: Arbeitsplatzsicherheit	0,58	0,56	0,58	-0,02 (n.s.)
F30: selten Dienstreisen	0,24	0,25	0,25	-0,00 (n.s.)

Anmerkungen: ***p<0.001; **p<0.01; *p<0.05; n.s. = nicht signifikant. T-Test. $M_{(j)}$: [-1, 1]. Datenbasis: ZMSBw: Personalbefragung 2020. F01-F32: Nummer des Items im Originalfragebogen.

Bis auf drei Aspekte („Kinderbetreuungsmöglichkeiten“, „Arbeitsplatzsicherheit“ und „selten Dienstreisen“) sind alle abgefragten Dimensionen personalbindungsrelevant. Folgende fünf Aspekte weisen die höchsten Mittelwertunterschiede aus, d.h. sie sind die wesentlichen Gründe, die eine Entscheidung für oder gegen ein weiteres Engagement bei der Bundeswehr beeinflussen: „Entwicklungsmöglichkeiten“, „Organisations-Commitment“, „interessante Tätigkeit“, „Neues lernen können“ und „geteilte Wertvorstellungen“. Klassische Wachstumsbedürfnisse, wie die Identifikation mit den Zielen der Bundeswehr und die Übereinstimmung mit den eigenen Wertvorstellungen, sind 2020 – wie schon 2016 – die Schlüsselfaktoren der Personalbindung. Gleiches gilt für Entfaltungs- und Entwicklungsmöglichkeiten in einem Beruf, bei dem man interessante Aufgaben übernehmen kann und immer wieder Neues lernen möchte. Das bedeutet: Nicht nur die Attraktivität des Arbeitgebers Bundeswehr hängt von der erlebten Bedürfnisbefriedigung im Bereich der Wachstumsbedürfnisse ab, sondern auch die Weiterverpflichtungsbereitschaft von SaZ.

Die Sicherheit des Arbeitsplatzes, Sozialleistungen und die Bezahlung, d.h. v.a. Existenzbedürfnisse, spielen der statistischen Analyse zufolge 2020 – wie schon vier Jahre zuvor – eher eine untergeordnete Rolle für die Entscheidung für oder gegen den Arbeitgeber Bundeswehr über die derzeitige Verpflichtungsphase hinaus. Das impliziert für die Personalbindungsarbeit in der Bundeswehr, dass Anreize, die klassische Existenzbedürfnisse adressieren, relativ geringe Wirkungen entfalten dürften.[17]

Generell kann festgestellt werden: Die überwiegende Mehrheit der abgefragten Einzelbedürfnisse sind personalbindungsrelevant für SaZ, wenn auch in unterschiedlichem Ausmaß. Die einzelnen Maßnahmen der Agenda Attraktivität spiegeln bestimmte Bedürfnisgruppen bzw. Einzelbedürfnisse wieder. Mit der verwendeten Kontrastgruppenmethodik ist es möglich, Aussagen über die zu erwartende Personalbindungswirkung von korrespondierenden Maßnahmen zu treffen. Maßnahmenpakete, die Wachstumsbedürfnisse adressieren (das sind in erster Linie: „Potenziale mobilisieren“ und „Karrierepfade“), dürften – ungeachtet ihrer differenziellen Anreizstrukturen für spezielle Zielgruppen im Einzelnen – in der Summe nach wie vor die höchsten Personalbindungseffekte bei SaZ zei-

---

[17] In der Bevölkerung wird dies bemerkenswerterweise anders gesehen. Dort herrscht die Meinung vor, dass gerade eine gute und höhere Entlohnung die geeignetste Maßnahme zur Steigerung der Attraktivität der Bundewehr sei. Zu diesem Ergebnis kommt die jährlich durchgeführte Bevölkerungsbefragung des ZMSBw zum sicherheits- und verteidigungspolitischen Meinungsbild für das Jahr 2016, bei der ein Schwerpunkt auf die Attraktivitätswahrnehmung der Bundeswehr gelegt wurde (Steinbrecher/Höfig 2017: 57). Die Einschätzungen der bundesdeutschen Bevölkerung und der Soldaten und Soldatinnen decken sich, was die Attraktivität der Streitkräfte angeht, so die Autoren, nur zum Teil (ebd.).

tigen. Für die betrachteten SaZ ist das alltägliche positive Erleben eines in der Öffentlichkeit angesehenen und geachteten Arbeitgebers der statistischen Analyse zufolge der sechstwichtigste Grund (2016 der zweitwichtigste), sich für eine Vertragsverlängerung oder einen Antrag auf Übernahme zum Berufssoldaten zu entscheiden. Das bedeutet, dass vom Maßnahmenpaket „Verankerung der Bundeswehr in der Gesellschaft“ mit seinem Ziel, die Bundeswehr zu einem noch festeren und anerkannteren Teil der deutschen Gesellschaft zu machen, ebenfalls relativ hohe Personalbindungseffekte zu erwarten sind.

Inwieweit ist die Bereitschaft für ein weiteres Engagement bei der Bundeswehr von sozialdemografischen Faktoren, der Vorgesetztenzufriedenheit und dem Arbeitgeberimage abhängig? Auf diese Frage gibt Tab. 4.8.3 Auskunft. Neben dem Geschlecht und dem Alter wird die Variable „alte/neue Bundesländer“ einbezogen. Geprüft wurde, ob die Tatsache, dass man in den alten oder neuen Bundesländern geboren wurde (vgl. Tab. 7.1.8), mit der Personalbindung in Zusammenhang steht.[18] Zudem wird die bisherige Einsatzerfahrung, die Dauer des Dienstes seit Beginn der Verpflichtung und die Zeit bis zum Ende des laufenden temporären Kontrakts berücksichtigt.

Tab. 4.8.3: Binärlogistische Regression zur Personalbindung

	Modell 1		Modell 2	
Variablen	Exp(B)	Sig.	Exp(B)	Sig.
Geschlecht (weiblich=1)	0,93	n.s.	0,70	n.s.
Alter	1,1	***	1,1	***
alte/neue Bundesländer (neue=1)	0,90	n.s.	0,91	n.s.
Einsatzerfahrung	1,0	n.s.	1,1	n.s.
Dauer bisherige Dienstzeit	0,90	***	0,94	n.s.
Dauer bis Ende Dienstzeit	1,3	***	1,3	***
Vorgesetztenzufriedenheit			1,1	n.s.
Arbeitgeberattraktivität			21,8	***
Konstante	0,04	***	0,02	***
Nagelkerke's R^2	0,25		0,58	

Anmerkungen: Signifikanzniveau: ***p<0.001; **p<0.01; *p<0.05; n.s. = nicht signifikant. Gilt Exp(B) < 1, dann ist der Effekt negativ, gilt Exp(B) > 1, dann ist der Effekt positiv. „Beruflich gebundene SaZ“=1. Datenbasis: ZMSBw: Personalbefragung 2020.

Es war davon auszugehen, dass die Arbeitgeberattraktivität der erklärungskräftigste Faktor für Personalbindung sein würde, was sich in Modell 2 bestätigt. Viel aufschlussreicher

[18] Diejenigen, die Angaben, außerhalb Deutschlands geboren zu sein – sie machen einen Anteil von sechs Prozent aus –, wurden aus Gründen der Vereinfachung des Modells nicht einbezogen.

ist, von welchen Faktoren die Personalbindung von SaZ *nicht* abhängt. Es besteht demnach kein Unterschied zwischen Frauen und Männern und die Herkunft nach alten und neuen Bundesländern hat keine statistisch signifikante Bedeutung für die Bleibemotivation, selbst wenn wie in Modell 1 nicht auf Vorgesetztenzufriedenheit und Arbeitgeberattraktivität geprüft wird. Die Personalbindung hängt zudem weder von der Einsatzerfahrung während der Dienstzeit als SaZ ab, noch spielen die schiere Dauer des bisherigen Dienstes und die Zufriedenheit mit dem bzw. der aktuellen direkten Vorgesetzten eine Rolle, wenn wie in Modell 2 der Einfluss der Arbeitgeberattraktivität zugleich betrachtet wird.

Das Regressionsmodell fördert darüber hinaus zutage, dass die Bleibemotivation *erstens* eine Frage des Alters und *zweitens* der Länge der noch bevorstehenden Verpflichtungsphase ist. Die Soldatinnen und Soldaten richten sich offenbar bei der Entscheidungsfindung für oder gegen eine weitere Verpflichtung nicht so sehr an bisherigen Erfahrungen aus, also der bisherigen Dauer des Dienstes oder an Erfahrungen, die im Einsatz oder auch mit dem konkreten Vorgesetzten gemacht wurden. Die Entscheidungsfindung ist, wenn man so will, eher nach vorne orientiert und hängt davon ab, wie attraktiv der Arbeitgeber Bundeswehr in naher Zukunft eingeschätzt wird: Rückt das Dienstzeitende näher, so sinkt die Neigung zu verlängern.

5 Fazit

Die zentralen Ergebnisse der Personalbefragung 2020 lassen sich entsprechend der Abschnitte aus Kapitel 4 wie folgt zusammenfassen:

1. Der Wissensstand über die Agenda ist, wie schon 2016, ungleich verteilt. Männer geben im Durchschnitt einen höheren Wissensstand an als Frauen, das militärische Personal hat sich bisher intensiver mit der Attraktivitätsagenda beschäftigt als das zivile Personal. Innerhalb der Statusgruppen gibt es ebenfalls Unterschiede: Der Wissensstand nimmt mit der Hierarchieebene zu. Fast ein Drittel der Befragten können mit der Agenda Attraktivität inhaltlich nichts anfangen. Der Wissensstand und der subjektive Grad der Informiertheit ist seit 2016 zudem leicht rückläufig. Das Intranet der Bundeswehr ist dasjenige Medium, das von der überwiegenden Mehrheit der Bundeswehrangehörigen genutzt wird, um sich über die Agenda Attraktivität zu informieren. Die Vorgesetzten werden als Informationsquelle rund um Fragen zur Agenda Attraktivität eher kritisch eingeschätzt.

2. Die Bundeswehrangehörigen lassen, soweit sie die Agenda überhaupt kennen, mehrheitlich keinen Zweifel aufkommen, dass aus ihrer Sicht eine Attraktivitätsoffensive absolut notwendig ist. Dennoch gibt es mehr Bundeswehrangehörige, die den Verlauf der Agenda kritisch bewerten, als solche, die sich positiv über den Verlauf äußern. Der Vergleich im Längsschnitt 2016–2020 ergibt so gut wie keine nennenswerten Unterschiede im Antwortverhalten.

3. Sofern ihnen die Agenda Attraktivität grundsätzlich bekannt ist, können die Befragten in der überwiegenden Mehrheit mit den neun Maßnahmenpaketen im Einzelnen inhaltlich etwas verbinden. Jedes der Maßnahmenpakete ist mindestens drei von vier Befragten bekannt. Die Bundeswehrangehörigen gehen grundsätzlich davon aus, dass sich die Maßnahmenpakete zur Steigerung der Attraktivität der Bundeswehr als Arbeitgeber eignen, jedoch nimmt der Anteil derjenigen, die die Maßnahmenpakete überhaupt kennen, im Zeitvergleich ab. Im Längsschnitt stellen die Bundeswehrangehörigen 2020 zwar geringfügig mehr Wirkungen bei sich oder im privaten oder dienstlichen Umfeld fest als noch 2016. Dennoch gilt für alle Maßnahmenpakete, dass jeweils nur eine Minderheit bisher überhaupt Effekte für sich persönlich wahrgenommen hat.

4. Nur gut ein Viertel der Befragten hat zumindest schon einmal vom BwEinsatzBerStG gehört oder gelesen und kennt einige Fakten und Zusammenhänge. Da die neuen

Regelungen v.a. Soldatinnen und Soldaten betreffen, ist es nicht verwunderlich, dass das zivile Personal weniger darüber weiß als das militärische.

5. Die allgemeine Dienstzufriedenheit des Personals steigt auch 2020 weiter an: Beträgt der zusammengefasste Anteil der „sehr Zufriedenen" und „Zufriedenen" 2013 noch 26 Prozent, so liegt er 2016 bei 36 Prozent und 2020 bei 41 Prozent. Das macht eine Steigerung von 15 Prozentpunkten von 2013 auf 2020 aus. Demgegenüber sinkt die Vorgesetztenzufriedenheit um 9 Punkte: Waren 2016 noch 60 Prozent „sehr" bzw. „eher zufrieden", so sind es 2020 nur noch 51 Prozent.

6. Während zu Beginn der Studie 39 Prozent der Bundeswehrangehörigen der Meinung waren, dass die Bundeswehr ein attraktiver Arbeitgeber ist („trifft eher zu" und „trifft zu" zusammengefasst), waren es zwei Jahre nach Start der Agenda Attraktivität 59 Prozent und heute, sechs Jahre nach Beginn der Attraktivitätsoffensive, sind es 68 Prozent. Das macht einen Anstieg von 2013 auf 2020 um 29 Prozentpunkte aus. Wie schon bei der Dienstzufriedenheit lassen sich also auch bei der Arbeitgeberattraktivität merkliche positive Bruttoeffekte nachweisen. Wo die Bundeswehr ein positives Arbeitgeberimage entlang der abgefragten berufsbezogenen Bedürfnisse genießt, tut sie dies 2020 wie schon 2016; wo sie Imageschwächen hat, weist sie diese 2020 wie schon 2016 auf. Beim Gros der abgefragten Aspekte ist eine mehr oder weniger starke positive Bilanz seit Beginn der Agenda Attraktivität feststellbar. Imagegewinne ergeben sich vor allem im Bereich der Work-Life-Balance, bei der Identifikation mit dem Dienstherrn und hinsichtlich persönlicher Weiterentwicklungschancen.

7. Für alle neun Maßnahmenpakete kann 2020 eine positive Nettowirkung auf die Arbeitgeberattraktivität festgestellt werden. Die drei Maßnahmenpakete mit den höchsten Nettowirkungen auf die Arbeitgeberattraktivität sind „Führungs- und Organisationskultur", „Karrierepfade" und „Potenziale mobilisieren".

8. Der Anteil derjenigen SaZ, die BS werden wollen, steigt um 11 Prozentpunkte; der Anteil derjenigen, die als SaZ verlängern wollen, fällt dagegen um 8 Prozentpunkte seit 2016. Insgesamt betrachtet bestätigen die Zahlen zur Bleibemotivation die positive Entwicklung der Arbeitgeberattraktivität. Wachstumsbedürfnisse, wie die Identifikation mit den Zielen der Bundeswehr und die Übereinstimmung mit den eigenen Wertvorstellungen, sind 2020 – wie schon 2016 – die Schlüsselfaktoren der Personalbindung bei SaZ.

Im Rahmen der Studie sollte im Wesentlichen untersucht werden, inwieweit die Bundeswehrangehörigen die Bundeswehr als attraktiven Arbeitgeber wahrnehmen (Strategisches Ziel der Leitung 4.1) und inwieweit die gesetzlichen und untergesetzlichen Maßnahmen der Agenda Attraktivität auf der Abstraktionsebene der Themenfelder einen Beitrag zur Steigerung der Attraktivität leisten (Strategisches Ziel der Leitung 4.2). Zentrale Ergebnisse vor dem Hintergrund dieser Zielsetzungen sind: Die Bundeswehr verfügt über ein spezifisches Stärken-/Schwächen-Profil. Das Arbeitgeberimage hat klar Stärken im Bereich von existenziellen (z.B. Arbeitsplatzsicherheit) und sozialen berufsbezogenen Bedürfnissen (z.B. Kontakt zu Menschen); Schwächen zeigen sich hingegen vor allem im Bereich von einigen Wachstumsbedürfnissen (z.B. Beförderung/Karriere). Im Sinne der „Satisfaktions-Progressions-Hypothese“ scheinen niedrigere Bedürfnisse weitgehend befriedigt mit der Konsequenz, dass es im Zuge der Persönlichkeitsentwicklung im Fall der Bundeswehrangehörigen zu einer Aktivierung höherer Bedürfnisse kommt, die entscheidend sind auch für die Bleibemotivation. Die Bundeswehrangehörigen nehmen ihren Arbeitgeber heute signifikant attraktiver wahr als noch im Referenzjahr 2013 und in der Vorläuferuntersuchung 2016 (= positive Bruttowirkungen). Die Maßnahmen der Agenda Attraktivität leisten nachweisbar einen Beitrag zur Steigerung der Arbeitgeberattraktivität (= positive Nettowirkungen).

In der Gesamtschau sind auf drei Limitationen der Personalbefragungen 2016 und 2020 hinzuweisen, die zum Teil typisch sind für Evaluierungen auf Basis von organisationsinterner Umfrageforschung:

1. Mit dem Datenmaterial ist es zwar möglich, positive Brutto- wie Nettowirkungen auf die Arbeitgeberattraktivität nachzuweisen; eine Quantifizierung des Anteils der Agenda Attraktivität bereinigt um externe Effekte, die z.B. durch Entwicklungen auf dem Arbeitsmarkt und durch gesellschaftliche Veränderungen hervorgerufen werden, ist mit einer Mitarbeiterbefragung allerdings nicht leistbar. Die Gesamtevaluation der Agenda ist hier angewiesen auf weitere Teilevaluationen des Fortschritts bei einzelnen Maßnahmenpaketen.
2. Die Bundeswehr ist ein Arbeitgeber mit einer Vielzahl von Funktionsbereichen mit unterschiedlichen Professionsgruppen und Verwendungsreihen. Beispiele sind Sanitätsoffiziere, bei denen die Bundeswehr als Arbeitgeber in Konkurrenz mit einem spezifischen Arbeitsmarktsegment, dem zivilen Gesundheitssektor, steht, oder Bordmechaniker und Bordelektriker in der Marine, die heute über hervorragende Chancen auf dem zivilen Arbeitsmarkt in der Industrie oder der mittelständischen Wirtschaft verfügen. Personalbindungsarbeit muss deshalb immer als differenzielle Personalbindungsarbeit ausgestaltet sein, und steht je nach Verwendungsreihe vor der Herausforderung, die passenden, zielgruppengeeigneten Anreize zum Verbleib in der Organisation zu setzen. Eine bundeswehrweite Attraktivitätsstudie kann Sonder- und

Detailanalysen zur Arbeitgeberattraktivität und zu Personalbindungsfaktoren bei diesen Zielgruppen nicht ersetzen.

3. Die Agenda Attraktivität ist ohne Zweifel ein weitreichendes und komplexes Veränderungsprogramm mit vielen differenzierten Einzelmaßnahmen. Limitationen der Aussagekraft von internen Surveys sind immer dann zu unterstellen, wenn der Gegenstand des Fragebogens ein zu hohes Abstraktionsniveau aufweist. Zwar geben die Befragten mit überwiegender Mehrheit an, dass sie beim Ausfüllen keine Verständnisschwierigkeiten hatten (Tab. 7.2.1), dadurch ist aber nicht zu klären, ob Befragte immer im Einzelnen klar zuordnen konnten, ob und wie stark eine wahrgenommene Veränderung bei sich persönlich oder im direkten Arbeitsumfeld mit der Agenda Attraktivität und mit welcher ihrer Maßnahme konkret im Zusammenhang steht. Die mit der Personalbefragung 2020 wie schon 2016 ermittelte grundsätzlich positive Stimmungslage der Bundeswehrangehörigen gegenüber der Agenda kann davon unbenommen als valides Ergebnis betrachtet werden.

Der Erfolg von umfangreichen organisationalen Veränderungsprozessen steht und fällt mit dem Einsatz geeigneter Partizipations- und Kommunikationsformate (vgl. Richter 2014). Der Anteil derjenigen, die mit der Agenda Attraktivität nichts anfangen können, ist mit 31 Prozent erstaunlich hoch. Unter SaZ, die im besonderen Focus der Personalbindungsarbeit stehen, hat fast gut ein Drittel den eigenen Angaben zufolge noch nichts von der Agenda gehört. Ein Attraktivitätssteigerungsprogramm, das denjenigen, an die es sich richtet, nicht bekannt ist, schöpft sein Personalbindungspotenzial nicht aus. Hier zeigt sich Nachsteuerungsbedarf für die Informations- und Kommunikationsarbeit rund um die im Großen und Ganzen erfolgreiche Agenda: „Bundeswehr in Führung – Aktiv. Attraktiv. Anders.“ Ein nicht unerheblicher Anteil von 26 Prozent der 2020 Befragten war 2014, also zum Jahr der Einführung der Agenda Attraktivität, noch nicht bei der Bundeswehr. Gerade ein langfristig angelegtes Maßnahmenprogramm, bedarf wohl auch sechs Jahre nach Einführung eines Marketing-Refresh.

Seit der letzten Zwischenevaluation sind offenbar diejenigen Aspekte des Arbeitgeberimages durch die Maßnahmen der Agenda Attraktivität adressiert worden, die auch eine hohe Bindungswirkung aufweisen, wie die „Vereinbarkeit Familie/Dienst“, der Bereich „Beförderung/Karriere“ und die „Weiterbildungsmöglichkeiten“. Die Agenda setzt also an den richtigen Stellschrauben an, im Wesentlichen bei den Wachstumsbedürfnissen. Im Zusammenhang mit der Covid-19-Epidemie ist jedoch nicht abzusehen, ob und wie sich ggf. die subjektive Bedürfnisstruktur der Mitarbeiterinnen und Mitarbeiter ändern könnte. Zwar sind Bundeswehrangehörige in eher geringem Maße direkt von den absehbaren Folgen auf dem Arbeitsmarkt betroffen, dennoch ist denkbar, dass gerade in Reaktion auf die sozialen und ökonomischen Folgewirkungen der Krise klassische Existenzbedürfnisse wieder eine Bedeutungsrenaissance erfahren. Das interne wie externe Personalmarketing ist deshalb gut beraten, nach wie vor auf allen berufsbezogenen Bedürfnisebenen geeignete Anreizsignale auszusenden.

6 Literaturverzeichnis

Alderfer, Clayton P. (1972): Existence, Relatedness, and Growth. Human Needs in Organizational Settings. New York: Free Press.

Berthel, Jürgen/Becker, Fred G. (2013): Personal-Management. Grundzüge für Konzeptionen betrieblicher Personalarbeit. 10. überarb. u. akt. Aufl. Stuttgart: Schäffer-Poeschel.

Bulmahn, Thomas/Höfig, Chariklia (2013): Ergebnisse der repräsentativen Bundeswehrumfrage zur Attraktivität des Arbeitgebers Bundeswehr. Ergebnispräsentation im BMVg, Berlin, am 22.10.2013 (Power-Point-Präsentation).

Elbe, Martin (2019): Motivation und Karriereorientierung von Soldatinnen und Soldaten: Dienstgradgruppen im Vergleich. Eine Analyse auf Grundlage der Personalbefragung 2016. Forschungsbericht 121. Potsdam: ZMSBw.

Hentschel, Katrin (2013): Ergebnisse der Jugendstudie 2011. Berufswahl Jugendlicher und Einstellungen zum Arbeitgeber Bundeswehr. Forschungsbericht 100. Potsdam: ZMSBw.

Höfig, Chariklia (2014): „War for Talents" – Die Attraktivitätsoffensive der Bundeswehr aus der Perspektive sozialwissenschaftlich-empirischer Untersuchungen. In: Bundeswehrverwaltung. Fachzeitschrift für Administration, 58(11), S. 249–252.

Maslow, Abraham H. (1943): A Theory of Human Motivation. In: Psychological Review, 50(4), S. 370–396.

Richter, Gregor (2014): Veränderungsmanagement in der Neuausrichtung der Bundeswehr. Ergebnisse der zweiten Befragungswelle 2014. Forschungsbericht 109. Potsdam: ZMSBw.

Richter, Gregor (2016): Wie attraktiv ist die Bundeswehr als Arbeitgeber? Ergebnisse der Personalbefragung 2016. Forschungsbericht 113. Potsdam: ZMSBw.

Richter, Gregor (2019a): Mannschaftsdienstgrade. Eine besondere Gruppe des Personalmanagements? In: Elbe, Martin/Richter, Gregor (Hg.): Personalmanagement in der Bundeswehr. Strategien, Zielgruppen, Kompetenzen. Berlin: Berliner Wissenschaftsverlag, S. 93–110.

Richter, Gregor (2019b): Wer wird Berufssoldat? Identifikation mit den Zielen der Bundeswehr und gesellschaftlicher Rückhalt sind entscheidend. In: if – Zeitschrift für Innere Führung, 2/2019, S. 53–59.

Rosenstiel, Lutz von (2003): Grundlagen der Organisationspsychologie. 5. Aufl. Stuttgart: Schäffer-Poeschel.

Schanz, Günther (2000): Personalwirtschaftslehre. Lebendige Arbeit in verhaltenswissenschaftlicher Perspektive. 3. Aufl. München: Vahlen.

Sekretariat SB Attraktivität (2015): Konzept zur begleitenden Evaluierung der Attraktivitätsoffensive. Berlin: BMVg.

Steinbrecher, Markus/Höfig, Chariklia (2017): Aktiv, aber auch Attraktiv und Anders? In: if – Zeitschrift für Innere Führung, 1/2017, S. 54–59.

Stockmann, Reinhard/Meyer, Wolfgang (2014): Evaluation. Eine Einführung. 2., überarb. u. akt. Aufl. Opladen/Toronto: Barbara Budrich.

Vroom, Victor H. (1964): Work and Motivation. New York: Wiley.

Weber, Wolfgang et al. (2005): Lexikon Personalwirtschaft. 2., akt. und komplett überarb. Aufl. Stuttgart: Schäffer-Poeschel.

7 Anhang

7.1 Sozialdemografie

Tab. 7.1.1: Geschlecht und Status

	Auswahlgesamtheit 2020	Nettostichprobe 2020	Auswahlgesamtheit 2016	Nettostichprobe 2016	Nettostichprobe 2013 (nach Gewichtung)
weiblich insgesamt	20	22	19	21	18
männlich insgesamt	80	78	81	79	82
Militärisches Personal	71	68	68	67	71
davon weiblich	12	15	11	12	10
davon männlich	88	85	89	88	90
Ziviles Personal	29	32	32	33	29
davon weiblich	37	37	36	38	37
davon männlich	63	63	64	62	63

Anmerkungen: Angaben in Prozent. Einzelne Prozentangaben ergeben mitunter in der Summe nicht 100 Prozent, da sie gerundet wurden. Datenbasis: ZMSBw: Personalbefragung 2016 und 2020, Befragung zur Attraktivität der Bundeswehr 2013; Strukturdaten BAPersBw 2016 und 2020.

Die Anzahl der Personen, die 2020 als ihr Geschlecht „divers“ angaben, betrug n=6. Sie werden immer einbezogen bei den inhaltlichen Auswertungen, im Gruppenvergleich nach Geschlecht wegen zu geringer Fallzahl jedoch nicht gesondert ausgewiesen.

Tab. 7.1.2: Dienstverhältnis (nur Soldatinnen/Soldaten)

	Auswahlgesamtheit 2020	Nettostichprobe 2020	Auswahlgesamtheit 2016	Nettostichprobe 2016	Nettostichprobe 2013 (nach Gewichtung)
Berufssoldat/in (BS)	29	34	31	35	32
Soldat/in auf Zeit (SaZ)	66	65	67	63	65
Freiwilligen Wehrdienst Leistende/r (FWDL)	4	1	2	2	3

Anmerkungen: Angaben in Prozent. Einzelne Prozentangaben ergeben mitunter in der Summe nicht 100 Prozent, da sie gerundet wurden. Datenbasis: ZMSBw: Personalbefragung 2016 und 2020, Befragung zur Attraktivität der Bundeswehr 2013; Strukturdaten BAPersBw 2016 und 2020.

Tab. 7.1.3: Dienstgradgruppe (nur Soldatinnen/Soldaten)

	Auswahlgesamtheit 2020	Nettostichprobe 2020	Auswahlgesamtheit 2016	Nettostichprobe 2016	Nettostichprobe 2013 (nach Gewichtung)
Mannschaften	30	28	26	25	20
Unteroffiziere ohne Portepee	17	17	16	19	20
Unteroffiziere mit Portepee	33	33	37	33	40
Offiziere (Leutnante und Hauptleute)	12	12	13	13	12
Stabsoffiziere	8	9	8	9	7
Generale/Admirale	0	0	0	0	0

Anmerkungen: Angaben in Prozent. Einzelne Prozentangaben ergeben mitunter in der Summe nicht 100 Prozent, da sie gerundet wurden. Datenbasis: ZMSBw: Personalbefragung 2016 und 2020, Befragung zur Attraktivität der Bundeswehr 2013; Strukturdaten BAPersBw 2016 und 2020.

Tab. 7.1.4: Laufbahn (nur Soldatinnen/Soldaten)

	Befragungswelle 2020
Truppendienst (TrD)	43
Allgemeiner Fachdienst (AllgFachD)	38
Sanitätsdienst (SanDst)	11
Militärischer Fachdienst (MilFD)	8
Geoinformationsdienst (GeoInfoD)	1
Militärmusikdienst (MilMusD)	0
Berufsoffiziere im fliegerischen Dienst mit besonderer Altersgrenze (BO41)	0

Anmerkungen: Angaben in Prozent. Einzelne Prozentangaben ergeben mitunter in der Summe nicht 100 Prozent, da sie gerundet wurden. Datenbasis: ZMSBw: Personalbefragung 2020. In 2013 und 2016 nicht abgefragt.

Tab. 7.1.5: Laufbahngruppe (nur zivile Mitarbeiterinnen/Mitarbeiter)

	Auswahlgesamtheit 2020	Nettostichprobe 2020	Auswahlgesamtheit 2016	Nettostichprobe 2016	Nettostichprobe 2013 (nach Gewichtung)
Beamter/Beamtin im einfachen Dienst	0	0	0	3	0
Beamter/Beamtin im mittleren Dienst	17	14	14	14	15
Beamter/Beamtin im gehobenen Dienst	13	12	12	11	12
Beamter/Beamtin im höheren Dienst	8	7	6	6	5
Arbeitnehmer/in Entgeltgruppe 1–4	11	12	15	11	7
Arbeitnehmer/in Entgeltgruppe 5–8	44	38	42	38	50
Arbeitnehmer/in Entgeltgruppe 9–12	3	10	4	10	8
Arbeitnehmer/in Entgeltgruppe 13–15	2	2	2	2	1
außertarifliche Bezahlung	0	0	0	0	–
Auszubildende/r	n.v.	5	4	5	1

Anmerkungen: Angaben in Prozent. Einzelne Prozentangaben ergeben mitunter in der Summe nicht 100 Prozent, da sie gerundet wurden. Datenbasis: ZMSBw: Personalbefragung 2016 und 2020, Befragung zur Attraktivität der Bundeswehr 2013; Strukturdaten BAPersBw 2016 und 2020.

Tab. 7.1.6: Teilnahme an Auslandseinsätzen der Bundeswehr

Haben Sie schon an Auslandseinsätzen der Bundeswehr teilgenommen?	gesamt	mil.	ziv.
Nein	63	51	87
Ja, einmal	15	20	4
Ja, zweimal	8	11	2
Ja, dreimal	5	7	2
Ja, viermal	3	4	1
Ja, fünfmal oder öfter	5	7	2

Anmerkungen: Angaben in Prozent. Einzelne Prozentangaben ergeben mitunter in der Summe nicht 100 Prozent, da sie gerundet wurden. Datenbasis: ZMSBw: Personalbefragung 2020. In 2013 und 2016 nicht abgefragt.

Tab. 7.1.7: Organisationsbereiche

	Auswahl-gesamtheit 2020	Nettostich-probe 2020	Auswahl-gesamtheit 2016	Nettostich-probe 2016	Nettostich-probe 2013 (nach Gewich-tung)
Bundesministerium der Verteidigung (BMVg)	1	3	1	3	2
BMVg unmittelbar unter-stellte Dienststellen	1	6	1	6	–
Heer (H)	25	27	23	26	25
Luftwaffe (Lw)	13	13	13	15	16
Marine (M)	7	8	7	7	6
Streitkräftebasis (SKB)	13	13	19	17	22
Zentraler Sanitätsdienst der Bundeswehr (ZSanDstBw)	9	8	10	9	10
Cyber- und Informations-raum (CIR)	6	6	–	–	–
Personal (P)	7	5	7	5	5
Ausrüstung, Informations-technik und Nutzung (AIN)	5	4	5	4	5
Infrastruktur, Umwelt-schutz und Dienstleistun-gen (IUD)	13	7	14	7	10
Rechtspflege (R)	0	0	0	0	0
Militärseelsorge (MilSeel)	0	0	0	0	0

Anmerkungen: Angaben in Prozent. Einzelne Prozentangaben ergeben mitunter in der Summe nicht 100 Prozent, da sie gerundet wurden. Datenbasis: ZMSBw: Personalbefragung 2016 und 2020, Befragung zur Attraktivität der Bundeswehr 2013; Strukturdaten BAPersBw 2016 und 2020.

Die Verteilung nach Organisationsbereichen hat sich im Interimszeitraum zwischen den Wellen 2016 und 2020 verändert. Im Jahr 2017 wurde ein neuer Organisationsbereich, CIR, aufgestellt. Vor allem Soldatinnen und Soldaten, die vorher der SKB zugeordnet waren, dienen neuerdings im CIR. Dies spiegelt sich in den Strukturdaten wieder. Trotz ex ante Gewichtung sind Angehörige aus dem Organisationsbereich IUD unterrepräsentiert. Infolge der sehr geringen Antwortbereitschaft sollte diese Zielgruppe in zukünftigen Befragungen noch stärker in der Bruttostichprobe überrepräsentiert werden.

Tab. 7.1.8: Herkunft

Wo sind Sie geboren?	gesamt	mil.	ziv.
In den alten Bundesländern (West-Deutschland/West-Berlin)	65	61	76
In den neuen Bundesländern (Ost-Deutschland/Ost-Berlin)	30	34	21
Außerhalb Deutschlands	4	5	3

Anmerkungen: Angaben in Prozent. Einzelne Prozentangaben ergeben mitunter in der Summe nicht 100 Prozent, da sie gerundet wurden. Datenbasis: ZMSBw: Personalbefragung 2020. In 2013 und 2016 nicht abgefragt.

Tab. 7.1.9: Familienstand

Wie ist Ihr Familienstand?	gesamt	mil.	ziv.
Verheiratet, mit Ehepartnerin/ Ehepartner zusammenlebend (auch eingetragene gleichgeschlechtliche Partnerschaft)	47	42	56
Verheiratet, getrenntlebend (auch eingetragene gleichgeschlechtliche Partnerschaft)	2	2	2
Ledig, war nie verheiratet	44	51	30
Geschieden/eingetragene gleichgeschlechtliche Partnerschaft aufgehoben	6	4	11
Verwitwet bzw. Lebenspartner/ Lebenspartnerin aus eingetragener gleichgeschlechtlicher Partnerschaft verstorben	0	0	1

Anmerkungen: Angaben in Prozent. Einzelne Prozentangaben ergeben mitunter in der Summe nicht 100 Prozent, da sie gerundet wurden. Datenbasis: ZMSBw: Personalbefragung 2020. In 2013 und 2016 nicht abgefragt.

Tab. 7.1.10: Kinder

Wie viele Kinder haben Sie?	gesamt	mil.	ziv.
0	48	52	39
1	19	20	18
2	23	20	30
3	7	6	9
4 und mehr	3	2	3

Anmerkungen: Angaben in Prozent. Einzelne Prozentangaben ergeben mitunter in der Summe nicht 100 Prozent, da sie gerundet wurden. Datenbasis: ZMSBw: Personalbefragung 2020. In 2013 und 2016 nicht abgefragt.

Tab. 7.1.11: Schulabschluss

Welchen höchsten allgemeinbildenden Schulabschluss haben Sie?	gesamt	mil.	ziv.
Keinen Schulabschluss	0	0	0
Hauptschul-/Volksschulabschluss, 8. Klasse POS	12	10	18
Mittlere Reife (z.B. Realschulabschluss, Fachschul-/ Fachoberschulreife, 10. Klasse POS)	48	50	43
Fachhochschulreife/Abschluss Fachoberschule	15	16	15
allgemeine/fachgebundene Hochschulreife (Abitur/EOS 12. Klasse)	24	24	23
Sonder-/Förderschulabschluss	0	0	0

Anmerkungen: Angaben in Prozent. Einzelne Prozentangaben ergeben mitunter in der Summe nicht 100 Prozent, da sie gerundet wurden. Datenbasis: ZMSBw: Personalbefragung 2020. In 2013 und 2016 nicht abgefragt.

Tab. 7.1.12: Allgemeinbildender Ausbildungsabschluss

Welchen höchsten allgemeinbildenden Ausbildungsabschluss haben Sie?	gesamt	mil.	ziv.
Keinen beruflichen Ausbildungsabschluss	12	15	5
Lehre	42	42	43
Fachschule oder Berufsfachschule	13	12	15
Meister/in, Techniker/in oder gleichwertiger Fachschulabschluss	14	15	13
Fachhochschule (auch Ingenieurschule)	6	3	12
Hochschulabschluss	12	12	11
Promotion, Habilitation	1	1	1

Anmerkungen: Angaben in Prozent. Einzelne Prozentangaben ergeben mitunter in der Summe nicht 100 Prozent, da sie gerundet wurden. Datenbasis: ZMSBw: Personalbefragung 2020. In 2013 und 2016 nicht abgefragt.

Tab. 7.1.13: Altersstruktur nach Jahren

	Befragungswelle		
	2020	2016	2013 (nach Gewichtung)
17 bis 25 Jahre	11	16	20
26 bis 30 Jahre	18	25	25
31 bis 35 Jahre	21	13	12
36 bis 45 Jahre	19	17	17
46 bis 55 Jahre	18	20	21
56 Jahre und älter	13	8	5

Anmerkungen: Angaben in Prozent. Einzelne Prozentangaben ergeben mitunter in der Summe nicht 100 Prozent, da sie gerundet wurden. Datenbasis: ZMSBw: Personalbefragung 2016 und 2020, Befragung zur Attraktivität der Bundeswehr 2013. Es liegen keine Strukturdaten von BAPersBw vor.

Tab. 7.1.14: Altersstruktur nach Geschlecht und Status 2020

	Geschlecht		Status	
	weiblich	männlich	mil.	ziv.
17 bis 25 Jahre	13	11	13	7
26 bis 30 Jahre	19	17	23	8
31 bis 35 Jahre	16	23	28	8
36 bis 45 Jahre	19	18	19	17
46 bis 55 Jahre	17	19	14	27
56 Jahre und älter	16	12	3	33

Anmerkungen: Angaben in Prozent. Einzelne Prozentangaben ergeben mitunter in der Summe nicht 100 Prozent, da sie gerundet wurden. Datenbasis: ZMSBw: Personalbefragung 2020. Es liegen keine Strukturdaten von BAPersBw vor.

7.2 Qualitätssicherung

Tab. 7.2.1: Bewertung Fragebogen

	Bitte beurteilen Sie abschließend den Fragebogen. Sehen Sie sich dazu die folgenden gegensätzlichen Aussagen an. Mit den Kästchen dazwischen können Sie Ihre Antwort abstufen.					
	1	**2**	**3**	**4**	**5**	
Die Themen sind wichtig.	38 (38)	38 (41)	19 (18)	4 (3)	1 (0)	Die Themen sind unwichtig.
Das Ausfüllen ist schwer gefallen.	2 (3)	7 (11)	11 (17)	24 (25)	56 (45)	Das Ausfüllen ist leicht gefallen.
Das Ausfüllen hat kurz gedauert.	33 (18)	34 (31)	29 (34)	7 (13)	2 (4)	Das Ausfüllen hat lang gedauert.
Ich hatte keine Verständnisschwierigkeiten.	59 (50)	27 (31)	9 (14)	3 (4)	1 (1)	Ich hatte ziemliche Verständnisschwierigkeiten.
Ich würde nicht wieder an einer solchen Umfrage teilnehmen.	6 (7)	3 (5)	14 (16)	16 (17)	61 (55)	Ich würde wieder an einer solchen Umfrage teilnehmen.

Anmerkungen: Angaben in Prozent, ohne Klammern 2020, in Klammern 2016. Einzelne Prozentangaben ergeben mitunter in der Summe nicht 100 Prozent, da sie gerundet wurden. Datenbasis: ZMSBw: Personalbefragungen 2016 und 2020.

Die letzte Frage der Fragebögen 2016 und 2020 dient der Qualitätskontrolle. Zu beiden Befragungszeitpunkten erhält der Fragebogen von den Teilnehmerinnen und Teilnehmern überwiegend positive Noten. Offenbar ist es den Befragten 2020 erstens noch leichter gefallen, die Fragen zu beantworten, und zweitens hat das Ausfüllen selbst weniger Zeit in Anspruch genommen. Dies dürfte darauf zurückzuführen sein, dass der Fragebogen 2020 merklich weniger Fragen enthielt, da die Fragen zum Führungsverhalten und zur Inneren Führung nur 2016 gestellt wurden. Der gegenüber dem Jahr 2016 nochmals gestiegene Anteil derjenigen, die an einer solchen Umfrage wieder teilnehmen würden, spricht für eine Fortführung des Personal-Monitorings zur Arbeitgeberattraktivität über das Jahr 2020 hinaus.

Zur Studie:

Das Zentrum für Militärgeschichte und Sozialwissenschaften der Bundeswehr hat in den Jahren 2013, 2016 und 2020 Befragungen zur Attraktivität der Bundeswehr als Arbeitgeber und zur Agenda „Bundeswehr in Führung – Aktiv. Attraktiv. Anders.“, einer 2014 vom BMVg ins Leben gerufenen, umfassenden Personalgewinnungs- und Personalbindungsoffensive, durchgeführt. Es wurde jeweils ein repräsentativer Querschnitt von militärischen wie zivilen Bundeswehrangehörigen befragt. Die Studie dient der Evaluation der gesetzlichen und untergesetzlichen Maßnahmen der Agenda Attraktivität nunmehr sechs Jahre nach ihrer Einführung. Wesentliches Ergebnis ist eine merkliche Steigerung der Attraktivität der Bundeswehr als Arbeitgeber und eine positive Entwicklung der Bleibemotivation bei Soldatinnen und Soldaten auf Zeit. Für die Personalbindung sind v.a. solche Aspekte des Arbeitgeberimages von Bedeutung, die Wachstumsbedürfnisse im Sinne der klassischen Motivationstheorien adressieren. Als zentraler Faktor für die Attraktivität wie für die Bleibemotivation kann eine hohe Übereinstimmung der Werte der Angehörigen mit den Werten und Zielen der Organisation identifiziert werden.

Zum Autor:

Dr. Gregor Richter, Dipl.-Soz., ist Projektleiter im Forschungsbereich Militärsoziologie, Zentrum für Militärgeschichte und Sozialwissenschaften der Bundeswehr (ZMSBw), Potsdam. Seine Arbeitsgebiete erstrecken sich auf die empirische Personal- und Organisationsforschung und die Militärsoziologie. Er ist zudem Lehrbeauftragter an der Universität Potsdam.